¡Si supieras que no vas a fracasar...!

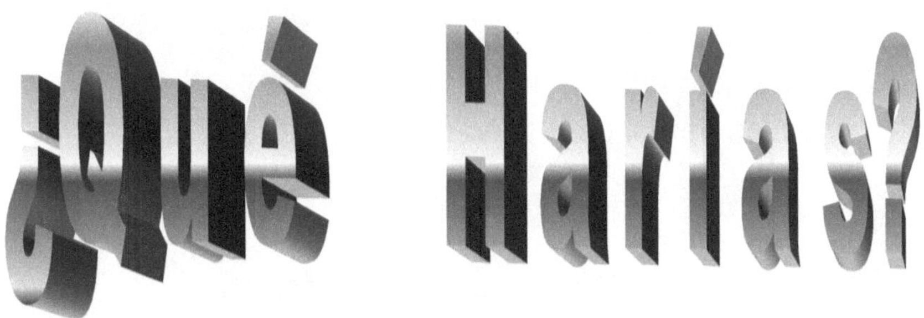

Oroncio Chacón

Barcelona – Anzoátegui, Enero del 2016

¡Si Supieras que no vas a fracasar…!

¿Qué Harías?

Oroncio Chacón

Primera Edición Enero del 2016
Revisión primera edición Marzo 2017
Portada y Contraportada: el Autor
Depósito Legal: lf 08120151312039
ISBN 978-980-12-8136-8
Email: oroncio66@yahoo.com
Edición: auto edición del Autor

Prólogo:

Dra. Milena Bravo de Romero
Rectora Universidad de Oriente

Revisión Gramatical y Ortográfica:

Lic. Domingo Luis Díaz Mendoza
Secretario General del Colegio Nacional de Periodistas
Estado Anzoátegui

y

Prof. Eleazar Mejías Motta
Miembro de la Real Academia de la Lengua Española
Capítulo Anzoátegui

Dedicatoria

A la memoria de Mi padre, José Antonio Chacón Moreno, a quien cariñosamente le decían, "Anto Chacón", por haber sido un hombre empeñado en enseñarnos los principios y valores que han sido los faros de mi vida; al gran amor, la tenacidad y la entrega, inculcados por mi madre Teodora Torres de Chacón en mi existencia; a la Memoria de mis Hermanas Ida María Chacón y Blanca Chacón de Méndez; a mi hermana gemela Francia Teresa; especialmente a mi queridísima Esposa Crisálida de Chacón, por su invaluable presencia compartiendo con migo los últimos veintiún años y espero, con el favor de Dios, se extiendan por muchos más. De cuya unión nació nuestra adorada princesa Blanca Chacón, hija TQM, también quería dedicarle estas líneas a mis estudiantes de pregrado y posgrado, porque siempre me han permitido aprender nuevas e interesantes lecciones.

Agradecimientos

Ante todo quiero dar gracias al Dios, Todopoderoso, Padre, Hijo y Espíritu Santo, por que sin su ayuda jamás podría haber terminado este libro; aprovecho este espacio para agradecer a mi Padre, a mi Madre, a mis hermanos: Ida, Blanca Ch. de Méndez, Juan Antonio, Nelva, Freddy, Jairo, Belkys Julieta (la nena), Ander, mi gemela Francia; a mis cuñados y cuñadas: Luis Méndez, Oscar Posada, Nina Ovalles, Karina, Adilia Quevedo, Maribel, Walter, Rosita, Abriani, Bernardo, Henrry, José Ramón y Javier; a mis Suegros: Chala y José Ramón; a mi adorada esposa Chalita y mi princesa Blanca Chacón; a todos mis sobrinos y sobrinas, muy especialmente a: Luis Eduardo, Juan Luis, mi Ahijado Luis Oscar, y su mamina Elizabeth Guerra; a mi Ahijada: María Francia, a mi Ahijado: Kényer; a mis tíos, tías y primos los

Somos seres espirituales en una experiencia de vida humana, enviados por Dios para cumplir un propósito, descubrirlo y ser felices realizándolo.   *Oroncio Chacón*

Torres, familia muy extensa para detallarla y los primos Chacón; a mis hermanos menores: Franklin, Karina, Deisi y Junior; al maravilloso equipo de la INT: especialmente el de Venezuela con Jhonny Aguilar a la cabeza y con mucho cariño al de zona norte de Anzoátegui; Félix, Saida, Euclides, Teodoro, Jhonder, Elías K., Esperanza, Solsirex, Ana María, Eulalia, Jorge, Héctor V. y todo el resto del equipo; a mis amigos de Bachillerato "recuerdos del gallinero…" muy especialmente: Henrry R., Humberto M.; a La Casa más Alta del oriente UNIVERSIDAD DE ORIENTE (UDO) muy especialmente a: mi amiga la Profesora: Dra. Milena Bravo de Romero - Rectora UDO, quien gustosamente se tomó el tiempo en leer esta obra, y escribir el prólogo de la misma, La Profesora: Dra. Taís Pico de Oliveros – Vice Rectora Administrativa UDO, a mis compañeros estudiantes de la Universidad muy especialmente: Jorge G., Fernando E., Juan A., José Luis R., a mis Colegas Profesores de la UDO, a los amigos empleados y obreros de la UDO y a mis amigos especialmente: Anibal M., Asdrúbal L.,

Aracelys C., Miguel A., Wolfan R., Domingo Luis D. M.; porque durante el trajinar de mi vida Dios los ha colocado en el camino para ayudarme a cumplir este propósito, perdón a todos aquellos, los que no menciono porque me extendería demasiado y se volvería solo un libro de nombres de agradecimiento, a todos ustedes, MUCHAS GRACIAS Y DIOS LOS BENDIGA…

Oroncio Chacón

Prólogo

El Libro: **¡*Si supieras que no vas a fracasar…!* ¿*Qué Harías?*** escrito por nuestro buen amigo y colega, el Ing. Oroncio Chacón, docente-investigador de la Escuela de Ingeniería del Núcleo de Anzoátegui de la Universidad de Oriente, plantea una interesante temática siempre presente en la mente de todo ser humano, cómo lo es su preocupación con aquellos conceptos y afanes que fundamentan la existencia: El Significado de la Vida, El Uso del Tiempo, La Necesidad del Dinero, El Ejercicio creativo de la Imaginación para la búsqueda del Conocimiento. Todo con miras a lograr la Felicidad, cómo fin último.

La premisa básica del libro es que todo tiene un PROPÓSITO, con mayúsculas y que cada persona tiene en sí mismo todos y cada uno de los ingredientes y capacidades potenciales que hacen posible cumplirlo, estableciendo el significado y trascendencia de cada uno de los conceptos anteriores. Esto es, la respuesta que buscamos está dentro de nosotros mismos.

Es muy interesante este planteamiento que nos hace el Profesor Chacón en su obra, porque si nos remontamos a la Antigüedad Clásica, en la isla de Delfos en Grecia, existía un templo dedicado al dios Apolo, al cual acudían desde reyes hasta mendigos en busca de respuestas del Oráculo a través de las cuales pudieran guiar su vida. Pero, sabiamente a la entrada del templo había escrita una frase lapidaría que resumía el concepto griego del destino: "Conócete a ti mismo".

En cierta forma, esa parece ser la reflexión que nos hace Oroncio a través de su libro, el cual está escrito en un lenguaje muy coloquial y simple, dirigido a un interlocutor que escucha y pondera el significado de cada frase, de cada concepto, en un estilo socrático de preguntas que intenta asegurarle al lector que si bien el autor avanza sugerencias y consejos basados en sus propias experiencias y su conocimiento de la vida, la respuesta y decisión final es y está en cada lector y, cómo tal, depende de su libre albedrío.

Un aspecto que destaca en la obra es que el autor enfatiza el significado de cada concepto existencial que discute, con vivencias propias, lo cual hace a propósito para llevar al lector a reflexionar sobre el hecho de que todo cuanto es sugerido en cada capítulo del libro ha sido probado, de alguna forma en la propia vida del autor.

Humanista por profesión y vocación, saludo este interesante ensayo filosófico y humano del Ing. Chacón, particularmente porque más allá de sus funciones cómo docente-investigador de las ciencias de la ingeniería, encontró ocio creador para concebir y plasmar estas interesantes reflexiones y dejar así una huella escrita de sus propios soliloquios y la conciencia de los hechos que han marcado su vida, cómo senderos de posibilidades para quienes cómo él, se han hecho y se hacen a diario esas mismas preguntas sencillas pero profundas que marcan la existencia.

Felicitamos al profesor Oroncio Chacón por su encomiable esfuerzo de escribir y poner en nuestras manos este esfuerzo editorial, contribuyendo así a incrementar el contenido y valores de la biblioteca de autores de la Universidad de Oriente.

DRA. MILENA BRAVO

ÍNDICE

INTRODUCCIÓN

Este libro trata sobre uno de mis temas preferidos, la motivación. Siempre he creído que fuimos hechos a imagen y semejanza de Dios, porque entre los Principios y Valores dados por mis padres, quizás el más importante fue una fuerte creencia religiosa siendo esta la convicción inspiradora de mi vida desde muy pequeño. Creyendo en ello y cómo sé: "Dios hace asuntos serios, y nos creó en serio", estoy convencido, en mi caso particular, haber sido hecho muy especial y si revisas desde el fondo de tu corazón te encontrarás hecho alguien sumamente especial, porque tanto tu cómo yo fuimos creados a su imagen y semejanza, por ese maravilloso ser de amor y bondad, llamado Dios, o cómo según tu formación religiosa acostumbres hacerlo.

Por todo lo antes señalado, este libro nació de la necesidad de servir y ayudar a la gente, de allí la gran satisfacción en mi desempeño de docente Universitario y mi vocación de servidor social a través del activismo político. Luego, Dios me permitió usar este medio con el cual puedo seguir sirviendo y ayudando a muchas personas necesitadas de ello. El mismo lo estructuré desde su comienzo a través de su título cómo un conjunto de preguntas, procurando te sirvan y ayuden; "**¡Si supieras que no vas a fracasar…! ¿Qué Harías?**" en él planteo un conjunto de interrogantes a través de ocho capítulos descritos a continuación: "Capítulo I Según Cada Quien", aquí hago una breve reseña de algunos de los aspectos más relevantes de mi vida sirviendo de un marco referencial, porque todos tenemos una historia y al no ser casualidad, probablemente si lo piensas bien tu también tienes la tuya; "Capitulo II ¿Qué es la Vida?" Lo desarrollé para exponerte un conjunto de ideas relacionadas con el tema más trascendental de la existencia, la vida desde un contexto filosófico, siempre haciendo preguntas para ayudarte a conseguir la respuesta precisa; "Capítulo III El tiempo", quizás uno de los recursos más importantes de la vida, y por estar presente en ella, no le referimos su debida notoriedad, muchas veces sin comprender cómo lo hemos usado ó despilfarrado; "Capítulo IV El Dinero", lo planteo bajo la paradoja de si es bueno o malo, permitiéndote tomar tu propia decisión; "Capítulo V La Imaginación y El Conocimiento", desarrollado bajo la premisa de ayudarte a establecer en tu caso particular cual es más importante, ayudándote a conseguir tu propio motor de acción; "Capítulo VI Regálate un Poquito de Felicidad", aquí trato de describir la situación afrontada por mucha gente, cuando se pasan la vida trabajando para poder vivir, en vez de dar Gracias a Dios y disfrutar la vida a plenitud; "Capítulo VII ¿Qué te Falta para Actuar?", en él describo, lo que sucede a muchas personas quienes se quedan anclados en el miedo, sin comprender la vida, en la cual, el curso de ella no es responsabilidad del gobierno, de la economía, de los políticos, etc., sino enteramente nuestra; y el "Capítulo VIII ¡Aunqué Fracasaras! ¿Seguirías Disfrutando el Viaje?" pretendí finalizar este trabajo permitiéndome expresarte la importancia de disfrutar la aventura de la vida, buena o mala, solo depende del nivel de satisfacción obtenida por ella, y esa respuesta solamente tú puedes descubrirla.

Adicionalmente el objetivo de este libro es ayudarte a descubrir tu camino al éxito, sin pretender darte una receta para seguir al pie de la letra, sería petulante de mi parte hacerlo, pero si consigo motivarte lo suficiente para el arranque en esa conquista, me daré por muy bien pagado…

Oroncio Chacón

CAPÍTULO I

SEGÚN CADA QUIEN

Todos tus sueños pueden hacerse realidad si tienes el coraje de perseguirlos.
—Walt Disney

Contar una historia no es fácil, por lo cual sería muy bueno, comenzar por conocernos un poco y entrar en confianza ¿lo crees así?... Siempre he creído en la existencia de Dios, primero por haber nacido en un hogar profundamente católico, donde desde muy pequeño los viejos nos enseñaron la importancia de la Fe, lo hicieron con sus pocos recursos y grandes creencias, convirtiendo mi fe en Dios en la más fuerte convicción de mi vida; y luego por haber visto de cerca su poder directamente actuando en varias ocasiones sobre ella.

Al escuchar una frase homóloga al título, me dije: "podría funcionar así un buen tema y con ella escribir un libro". Por mis creencias estoy convencido no fue casualidad, sino CAUSALIDAD, la Divina Providencia conjugó esa situación en su justo momento, ni un instante antes ni un instante después; y concebir este hecho. Entonces estar escribiendo este libro, y tú leyéndolo, tampoco es un azar del destino; seguro Dios me inspiró hacerlo, pensando en tus necesidades, siendo esto uno de los aspectos más alucinantes de la vida. Todo está sincronizado, como lo dice el Dr. DeepaK Chopra en su Libro "SINCRODESTINO".

Primero quiero contar algunos eventos sobre mi vida, soy el menor (gemelo con una hembra) de nueve hermanos maternos y paternos, y una hermana mayor (del primer matrimonio de mi padre) criada con nosotros. Mi vida ha sido una aventura disfrutada alegremente, algunas veces sin comprenderla y otras cuando las analizo con más detalle, solo tiene una respuesta lógica: **UN PROPÓSITO DIVINO**; pues bien, de niño fui tímido, asustadizo y muy llorón, era el niño consentido de mi madre, quizá por haber sido enfermizo de pequeño. Desde temprana edad tenía defectos esqueléticos en mis rodillas, arqueando mis piernitas, colocando mis pies hacia adentro hasta casi tocar sus puntas, algunos familiares y allegados, dudaban si podría caminar normalmente en el futuro. No olvido haber usado unas horribles botas ortopédicas hasta estar en primer año del bachillerato, empezando mi adolescencia, luego, mejorados estos defectos, logré convencer a mi madre para usar zapatos comunes cómo los demás compañeros del liceo, pues siempre era objeto de burlas debido a las botas. También sufrí mucho de los bronquios en mi infancia, constantemente presentaba alergias y gripes, con frecuentes crisis respiratorias; recuerdo muy vagamente haber convulsionado una vez con una fiebre muy alta, razón por la cual luego de haber pasado esa crisis, me hicieron un tratamiento con inyecciones como por 4, 5 o tal vez 6 meses, no lo preciso con exactitud, para poder aliviar mis problemas bronquiales. Con todo ese cuadro y por haber sido el menor siempre mi madre me consintió, tratándome con solícitos cuidados y sobreprotección, aspecto este por el cual mis hermanos, siempre (pienso debido a celos por la atención de mi madre) me jugaban muchas bromas y me fastidiaban hasta hacerme llorar; imagino así son las relaciones en las familias numerosas, compitiendo para poder conseguir la atención necesaria…

Volviendo al contexto de mi existecia y analizándolo, desde mis primeros años, estar escribiendo este libro a mis 49 años no es una casualidad, sino un conjunto de eventos necesarios de afrontar por mi espíritu para forjar mi carácter, directamente enlazado con ese propósito de vida encomendado por Diosito a cumplir en ella, pues creo fehacientemente que somos: *"Seres Espirituales en una experiencia de Vida Humana, enviados por Dios para cumplir un Propósito, descubrirlo y ser felices realizándolo"*; pero ese asunto lo discutiremos en otra oportunidad si en este libro me alcanza el tiempo para ello.

Mi adolescencia, transcurrió estudiando desde el sexto grado hasta el quinto año de bachillerato junto con mi Hermana Gemela (Francia), debido a otro hecho fortuito de la CAUSALIDAD. Mis padres se separaron cuando terminamos el quinto grado, vivíamos en San Cristóbal, Estado Táchira, Venezuela, debido a ello, mi madre y los seis hermanos pequeños nos mudamos junto con mi hermana mayor siendo ya una profesional (Ing. Forestal, Dios la tenga en su gloria), quien vivía en Puerto La Cruz (de los Andes a la Costa Oriental). Ese cambio fue un salto años luz de diferencia, yo tenía 10 años por agosto de 1976, y aunque nos mudamos solamente de ciudad, en esa época todavía no existía la globalización o no se hacía sentir en el País, claro está, el oriente se trataba de una zona con costumbres muy diferentes relacionadas a las existentes en Los Andes. Ese fue otro evento trascendental en mi vida (aunque antes no lo había pensado así), a decir verdad fue otra jugada de la CAUSALIDAD, siempre actuando porque sobre la faz de la tierra no se mueve la más pequeña hoja de un árbol sin la sincronía del propósito de un ser divino, glorioso, supremo y benevolente padre: "Dios todopoderoso"; aunque uno por el ego, no se dedica a detallar y disfrutar las cosas bellas y maravillosas en cada instante de la existencia. Pero, cual te lo afirmo, ese evento fue muy difícil para mí, obligándome a adaptarme al medio, sin chance para refutarlo.

Ya en oriente, estuve durante dos años estudiando sexto de primaria y primero de Bachillerato en Barcelona. Mi madre no se adaptaba a las costumbres de la zona, no le gustaba el calor y le afectaba a su salud. Entonces, aprovechando el hecho, por el cual, mi hermano Freddy (mayor de los seis pequeños) había sido aceptado para estudiar Ingeniería Eléctrica en la Universidad de los Andes (ULA), mi madre decidió llevarnos a Mérida, permitiéndole a ella estar más cerca de su amada San Cristóbal (su tierra y su familia) y nosotros podríamos estudiar en la ULA. De nuevo otra mudanza, y con ella más cambios, otra vez, nuevos amigos, y cómo digo la CAUSALIDAD, jugando su juego, por eso creo ineludiblemente en la vida cómo un viaje con un propósito para cumplir y disfrutar; a veces no lo comprendemos, porque pretendemos ser los amos de la verdad, en vez de permitir que sea Dios quien guie nuestras vidas. Desde luego todo esto fue necesario, para forjar con fuego y martillo a este hombre de hoy, haciéndolo tal cual el mejor acero para construir un gran **PROPÓSITO**, por eso, al analizarlo bajo la luz, claridad, el entendimiento y la convicción de permitir a Dios guiar mis pasos, puede comprenderse todo lo ocurrido, por ser parte de ese **PROPÓSITO** a cumplir en esta experiencia de vida humana.

En ese mismo orden de ideas, pasaron cuatro años en Mérida, pero fueron dos liceos más, segundo en uno, y tercero, cuarto y quinto en otro hasta graduarnos de Bachiller; siempre el nuevo llegaba a un lugar donde existían grupos, siendo difícil la adaptación y los cambios; entonces más candela y martillo para forjar ese hombre de hoy, al extremo de necesitar aprender a usar los puños por subsistencia. En tercer año éramos dos secciones y casi todos los días tenia riñas con mis compañeros, claro siempre mi hermana gemela y sus amigas se metían para que no me apalearan tan duro, llegando a casa todo revolcado; en cuarto de dos secciones pasamos a una sola, era diversificado, y como seguía siendo muy delgado y pequeño, me hice amigo de los tres chicos más grandes que en tercero pertenecían a la otra sección, representando un gran alivio, pues mis compañeros ya no se metían más conmigo, por fin me habían aceptado. Bueno pero eso me enseñó a apalancarme (sin comprenderlo así por esos días), mejorando en cuarto y quinto la situación, hasta hacernos grandes amigos.

Cuando ya pertenecía a un lugar viene el ingreso a la Universidad y volvimos a separarnos; en ese entonces, tres de mis hermanos estudiaban en la ULA y uno fue a la escuela de suboficiales del ejército pero no pudo concluirla por enfermedad, cuando mí gemela y yo nos graduamos de bachiller la ULA se paró por más de seis meses debido a huelgas universitarias y a causa de ello mi gemela decide estudiar en San Cristóbal en la Universidad Nacional Experimental del Táchira (UNET) una carrera no existente en Mérida, y mi mamá ve en ello su oportunidad para regresar a San Cristóbal, por lo cual yo me fui con mi madre, y también comencé a estudiar en la UNET.

Otra vez un cambio, y siempre la CAUSALIDAD apareciendo; ya por el segundo y tercer semestre mi gemela decide abandonar la carrera y se va hacerse misionera Católica donde transcurren nueve años de su vida entre Venezuela, Colombia, España y Perú, por razones que nunca discutimos a fondo, pero dada la relación tan estrecha de haber sido engendrados dentro de una sola placenta en el útero de mi madre (caso muy extraño el nuestro) siempre estuve convencido sobre lo precipitado de esa decisión, pero cada quien tiene derecho a vivir su vida con sus aciertos y sus errores, además no soy quien para juzgarle; más aun cuando, a mí no me había ido muy bien en la UNET, pues mi rendimiento académico era un poco critico, motivo por el cual en el cuarto semestre tomo la decisión cambiar de universidad, la familia me ofrece dos opciones: Mérida donde estaban mis otros tres hermanos estudiando o Puerto La Cruz, por razones sentimentales (faldas), puse la mayor cantidad de tierra de por medio y me vine de nuevo a Puerto La Cruz, a casa de mi hermana mayor (Dios tenga en su gloria) su esposo y sus hijos donde pasé mi vida estudiantil en la Universidad de Oriente (UDO).

De nuevo la CAUSALIDAD, en Puerto La Cruz vine por segunda vez a vivir en noviembre de 1986, pues algunas veces veníamos por vacaciones, y desde entonces aquí estoy; luego en la UDO me gradué de Ingeniero Mecánico el 14 de septiembre de 1994, seguidamente contraje matrimonio el 5 de agosto de 1995 con mi queridísima Crisálida de Chacón y de cuya unión el 29 de mayo de 1996 (el mismo día de cumpleaños de mi esposa) nació nuestra hermosísima hija Blanca Chacón quien ya se graduó de Bachiller. Por eso cuando me preguntan de dónde soy, digo con orgullo: "gocho", pero me considero un hijo adoptivo de Puerto la Cruz. Durante mi vida universitaria me convertí en Dirigente Político estudiantil, descubriendo una de mis grandes pasiones: La política a la cual le he dedicado activamente alrededor de 25 años de mi vida entre estudiantil y profesional, aunque actualmente no estoy activo, indirectamente siempre estoy inmerso en ella. En abril de 1999 ingreso como profesor Universitario a la UDO donde laboro en este momento, logrando desarrollar otra gran pasión de mi vida: ENSEÑAR. En ese mismo orden de ideas, en mayo del 2010 obtengo el grado de Magister Scientiarum en Informática Gerencial, y paso a desempeñarme de docente en Posgrado desde el 2012.

Hablar de uno no es fácil, con este pequeño relato, mencioné algunos acontecimientos resaltantes de mi vida, y aun cuando trate de hacerlo muy resumido se fueron bastantes páginas, pero contar cuarenta y nueve años sintetizado es una tarea ardua; tampoco quería aburrirte relatando todos los detalles de mi vida, pues no se trata de una autobiografía ni nada parecido. Mi deseo era colocar un contexto donde pueda reflejar algunos eventos existenciales, de forma que puedas evaluar lo ocurrido en este proceso, y ayudarte a comprender que el desarrollo de tu vida fue establecido por la divina providencia para enlazarlo con tu **PROPÓSITO**.

CAPÍTULO II

¿QUÉ ES LA VIDA?

Solo hay dos formas de vivir tu vida. Una es pensar que nada es un milagro. La otra es pensar que todo es un milagro.
- **Albert Einstein**

Soy académico formal y en mi rol de profesor, trato de definir y aclarar todos los términos que empleo en mi trabajo y vida cotidiana, pero esta pregunta siempre la he creído una de las más difíciles a las cuales alguna vez me he enfrentado, tal vez por eso me encanta, que Dios me haya regalado una gran inteligencia para emplearla resolviendo situaciones, problemas y divertirme viviendo MI VIDA; ¿qué tal?..., creo necesitar ayuda, ¿será qué puedes ayudarme?...

Un gran amigo mío, me dijo un día, Oroncio: el propósito de la vida de uno se fundamenta en tres acciones: sembrar un árbol, procrear un hijo y escribir un libro; suena interesante…. ¿Qué opinas tu?... ¿Será cierto?... Tal vez sembrar un árbol, es una tarea que todos podemos hacer, más aún, seguramente mi amigo no solo estaba pensando en plantar una semilla, sino en darle el cuidado adecuado hasta lograr su total desarrollo permitiendo buena sombra con abundantes frutos, lo cual parece ser algo un poco complicado ¿verdad?...

¡Ah!, pero, y ¿Cómo hace un sacerdote o una religiosa quienes han consagrado SU VIDA a Dios, para procrear un hijo?, ¿……? Si, tranquilo yo también me hice esa pregunta, y aún cuando me encanta leer diferentes autores, no he conseguido una respuesta satisfactoria.

¿Y si no me gusta escribir?.., esta labor créeme, es muy compleja, a mucha gente no le gusta escribir ni siquiera sus apuntes de clase cuanto más un libro, entonces, ¿Qué piensas de mi amigo?..., ¿Está equivocado?...

Bueno, tranquilo no quiero perturbarte, tal vez no seas tan inquieto cómo yo o tal vez sí; aunque posiblemente mi amigo está en lo cierto. Recordemos algo sobre las opiniones: *"Dos personas pueden tener opiniones totalmente encontradas y ambas pueden ser dos verdades absolutas"*…. Sí, no te asustes, a eso me refiero, por ejemplo: si tu pudieras ir y preguntarle a Robín Hood: ¿Robar estaba bien?, seguramente él te respondería: **"claro que si porque yo le quito a los Ricos para darle a los Pobres, y siendo por una causa noble, desde luego está bien"**, y lo colocaron en la historia cómo un héroe popular, ¿tú crees que sea correcto?... Yo estoy en total desacuerdo con él, aunque, seguro Robín H. y yo estamos en lo cierto, es decir, para poder evaluar adecuadamente las opiniones, debemos establecer todo el conjunto de elementos dentro del contexto correspondiente que permita su total comprensión, quedando definida para ese contexto especifico, luego al cambiarlo afectaría todo lo evaluado; es así cómo uno de los más grandes desarrollos hecho en el campo de la ciencia e inclusive de la vida (por no decir "el más grande"), lo representa: "La Teoría de la Relatividad de Albert Einstein" pues el resumen de su postulado pudiéramos simplificarlo cómo: "Todo es relativo y depende de su contexto para ser evaluado", claro debe ser mi pasión por la investigación, mi formación de Ingeniero Mecánico y mi desempeño cómo profesor por lo cual soy un gran admirador de Einstein.

Entonces, volvamos a la pregunta en cuestión, ¿Qué es la Vida?..., pienso deberías tener tu propia respuesta o al menos algunas interrogantes, pero tranquilo de no ser así no te preocupes, créeme que muchas veces me he hecho esa pregunta, en algunas ocasiones obteniendo una respuesta satisfactoria en un momento determinado, y en otras sintiéndome totalmente insatisfecho, representando esto uno de los aspectos más interesantes sobre ella, pues es dinámica y cambiante, y la única forma para comprenderla es: *"Disfrutar de Vivirla"*, he allí lo interesante y divertido de hacerlo, a eso le llamamos estar vivo.

Espero que mi relato sea suficientemente ameno, porque de lo contrario, estoy seguro cerrarás este libro y perderás el interés en seguir leyéndolo. Ahora, si me permites te puedo seguir contando. ¿Recuerdas cuando presenté algunos aspectos de MI VIDA? Podrías creer o no en ellos, pero ciertamente ellos representan un Viaje a través del tiempo por un conjunto de acontecimientos enlazados entre si, por CAUSALIDAD, pues nada ocurre simplemente por azar, todo siempre se interrelaciona, en el momento correcto, no ocurren antes ni un instante después; por ejemplo: nacemos de una familia determinada, e incluso algunos no tuvieron esa dicha que yo tuve. Te has preguntado: ¿Por qué naciste en esa familia y no en otra?... ¿Por qué tuviste la dicha de ser un Profesional Universitario? o ¿Por qué no la tuviste?..., yo siempre he creído en las cosas más sencillas para explicar la esencia de LA VIDA, y te digo y lo repito si me lo permites, HE CREÍDO. Para mí todo se basa en ello; existe una expresión que leí en alguna parte y palabras más, palabas menos, dice así: **"Si tú dices sobre un tema, que puedes hacerlo, estás en lo cierto; pero si también dices sobre el mismo tema, que no puedes hacerlo, también estás en lo cierto, lo Importante no es lo que puedes o no hacer, lo importante es lo que CREES sobre lo que puedes llegar o no a hacer"**...

Revisando mis recuerdos, de la primera vez que fui a la playa, tenía apenas diez años y nunca antes había estado en el mar, se me ocurrió probar el agua y tremenda fue mí sorpresa por cuan salada era. Aquello representaba la emoción de algo nuevo, pasamos todo el día bañándonos y disfrutando la experiencia, sin tomar la precaución de usar protector solar. ¡Imagínate!... un poco de gochitos, novatos, cuyas pieles no estaban acostumbradas al intenso sol y el agua de mar. Conclusión: tremenda insolación y maltrato de las olas, pues tampoco sabíamos enfrentarlas; fue una noche terrible pero así es LA VIDA, todo sirve para aprender, después a reunirse a contar las anécdotas y reirnos de uno mismo….

Por eso vuelvo a preguntarte ¿Qué es la Vida?, espero que te estés riendo o por lo menos lo disfrutes. Siempre he pensado y es una convicción filosófica de mi existencia que dice así: *"El día que yo diga no tengo nada más que aprender, estoy viviendo tiempo extra, soy un cadáver ambulante, Oroncio Chacón"*. Esta tesis filosófica me permite comprenderla, siempre aceptándola en continuo y constante aprendizaje desde el momento en que nacemos hasta el último aliento de nuestra existencia. Nacemos y no sabemos nada, seguidamente empezamos a aprender: a gatear, a caminar, a hablar, a pensar, y aun cuando logremos la mayor cantidad de títulos y cartones universitarios, siempre existirá algo nuevo de aprender, siendo eso lo más divertido de este viaje que llamamos LA VIDA, por ello, no importa la edad que tengas, sino cómo has disfrutado de cada instante durante ese maravilloso viaje; algunos creen que llegar a los 60 o 70 años es tal vez demasiado, pero lo interesante no es la cantidad sino cómo los has vivido. Eso es lo bello e interesante de este tema, porque siempre existen muchas respuestas y cada quien puede darle la suya.

Mi objetivo más allá de presentarte mis opiniones sobre el tema, es ayudarte a conseguir las tuyas; cómo te dije antes, esta pregunta tiene muchas respuestas, sólo quiero servir de vehículo en tu búsqueda y ayudarte a conseguir la más agradable para ti; a mi este tema simplemente me apasiona, porque mientras más lo analizo y estudio, más descubro cuanto desconozco sobre el mismo, permitiéndome seguir escudriñando con la curiosidad de un niño aprendiendo nuevas y divertidas situaciones.

Comparando este tema con mis clases de la Universidad a veces les digo a mis estudiantes de pregrado cuando están resolviendo un problema: "**Es tan fácil y sencillo cómo lo quieran ver y tan difícil y complicado cómo lo quieran resolver**"; porque cuando uno se encuentra en esas encrucijadas, lo más divertido de este viaje es tomar la decisión sobre la ruta a seguir, siendo responsable de hacerlo o no hacerlo; es aquí donde mucha gente se paraliza, debido al aprendizaje obtenido desde la escuela sobre lo terriblemente malo de equivocarnos, de esta forma se nos fue sembrando el enemigo más grande que tiene el hombre en su VIDA, EL MIEDO, parafraseando ese refrán popular de aquellas personas donde: **"toda la vida se la pasa deshojando margaritas para ver si le quieren o no le quieren y poder estar seguro al declararle su**

amor", donde el miedo de hacer algo o más bien, el miedo de equivocarnos al hacerlo, nos aterra y nos paraliza. "La Vaca del Dr. Camilo Cruz" enfoca este tema a través de una fábula, donde se describe muy bien el comportamiento humano frente al conformismo y la mediocridad.

Cuanto más sigo pensando en ese tema, más me encanta, porque de eso se trata la vida, del comportamiento humano y de cómo resolvemos las situaciones, es así cómo los eventos se nos presentan mediante las acciones de un conjunto de personas con las cuales uno decide o simplemente se ve obligado a interactuar con ellas; por eso te conté un resumen de algunos aspectos de mi vida. Siempre en ella tuve que enfrentar muchas situaciones, algunas difíciles, y estoy seguro tú debes haber enfrentado muchas adversidades, pero digo: tanto el mejor acero como al mejor hombre solo se forjan con fuego y martillo, porque al vivir esos procesos aprendemos a valorar y disfrutar cada instante mientras se está vivo, permitiéndonos realizar ese PROPOSITO en nuestra experiencia encomendado por el Todopoderoso.

En algunas situaciones vemos con mucha frecuencia que algunas personas no hacen sino quejarse por cómo es su vida, sin ocuparse de disfrutarla, ni entienden que cada quien es el arquitecto de su propio destino, lo único por hacer sería tener el coraje de establecer los sueños de su VIDA, seguidamente ponerle acción a ello para llegar a concretarlos en una bella realidad. Permítanme hacer una reflexión de aquella historia donde un viajero caminando por la antigua Grecia, le pregunta (sin saber que se trataba del gran Aristóteles) a un hombre quien se encuentra en la vera del camino:

- ¿Cómo hago para llegar al monte Olimpo? A lo cual el hombre responde:

- **Asegúrate que todo paso que des vaya en esa dirección.**

Excelente respuesta, la más sencilla; y por el contrario siempre perdemos el tiempo enredando todo, buscando las más complicadas en vez de disfrutar cada momento presente. Esta historia, nos trae muchas reflexiones, de las cuales te pudiera mencionar: "define y planifica bien tu camino, para estar seguro del destino donde te has propuesto llegar"; muchas veces no sabemos hacia donde vamos, porque no hemos definido donde queremos ir, ¿por qué ocurre esto?..., ¿te ha ocurrido?... Te confieso, algunas veces me ha sucedido, ya no con tanta frecuencia, cuando aprendí la importancia de planificar mi camino, entonces tomé conciencia y asumí la responsabilidad de todo ello.

En alguna parte leí que alguien comparaba LA VIDA como una tarjeta de crédito recibida al nacer, sin límite de crédito ni fecha de vencimiento, es decir cada quien decide como emplearla, siendo su absoluta responsabilidad hacerlo; esto es controversial, si se quiere algo duro, pues bien se refiere a enfrentar: "la toma de decisiones", donde lo complicado no es hacerlo, la dificultad aparece al petrificarnos y muchas veces nos inhibimos de actuar por miedo a enfrentar el fracaso, siendo éste un valor introducido desde la escuela cuando constantemente te dicen: no falles, no te equivoques, si te equivocas eres un tonto; así un niño recibe tantas veces la palabra "no" durante su infancia, que termina aceptando el miedo cómo dogma y en consecuencia, prefiere evitar la toma de decisiones por el temor a equivocarse.

De esta manera, cada quien tiene el privilegio de vivir su vida a su manera, es tanto que el primer derecho Divino es el LIBRE ALBEDRIO, luego Dios cómo el gran y magnífico padre que es, nos mandó a este mudo a cumplir un PROPÓSITO para lo cual, a cada quien nos colocó en la mochila todo lo necesario para hacerlo, es así cómo podemos hacerlo aun cuando pretendamos creernos dueños del control, más sin embargo, todo ocurre en el mundo solo por la voluntad de Dios, y la mayoría de las veces, no lo comprendemos así, porque siempre queremos analizarlos dentro de nuestra limitación humana, pero cada evento, todo absolutamente todo, ocurre porque Dios lo permite, porque simplemente él nos da todo lo pedido, por ejemplo uno le dice:

- ¡quiero ser rico Dios mío!, y él responde:

- pero si yo cree este mundo lleno de abundancia para que lo disfrutaran todos mis hijos, no tengáis miedo tu eres mi hijo y absolutamente todo lo que aquí hay es para ti, solo ve a buscarlo pues en tu mochila están las herramienta necesarias para conseguirlo.

Luego no tenemos el valor de hacerlo, y muchas veces, cuando nos hacen una pregunta cómo esta: ¿Tú crees en Dios?.... seguramente si eres un creyente, estoy seguro que tu respuesta es un ¡GRAN SIIIIII !!!, pero si tú crees en Dios ¿te puedo preguntar algo?... ¿Tú le crees a Dios?... bueno seguramente tu respuesta será algo así como: "Pues Claro, claro que si le creo" o algo por el estilo ¿Verdad?... entonces porque tanta gente acepta vivir vidas apenas tolerables, donde les molesta y les desagrada lo suficiente para quejarse, pero no lo suficiente cómo para cambiar y buscar una mejor alternativa. Permíteme contarte una historia:

"Cierto día un cazador se encontraba disfrutando de su faena en el bosque, llega a la cabaña de un granjero, lo saluda y le pide por favor le regale un poco de agua para mitigar su sed, en eso, observa en el porche de la pequeña casa de madera, a un viejo perro echado, haciendo unos largos alaridos de dolor, a lo cual el cazador le sugiere al granjero: amigo ¿porque no lleva ese perro al veterinario? Algo le debe estar molestando, y el granjero le responde: pierda cuidado amigo, mire, ese perro es muy flojo, quédese tranquilo; el Cazador intrigado, piensa "como se relaciona la flojera con los quejidos del perro", a lo cual vuelve a insistir al granjero, y este último le da la misma respuesta, pierda cuidado amigo, ese perro es muy flojo, entonces el Cazador le replica al granjero: Sr. perdone mi ignorancia, pero ¿no entiendo cómo es eso de un perro muy flojo? Y el granjero le responde: mire Sr., hace una pausa, aspira el humo de su pipa y contesta: resulta que allí donde usted vé a ese perro echado, hay un clavo sobresaliendo del piso de madera, le molesta lo suficiente para quejarse, pero no lo suficiente para tomar la decisión de moverse y solucionar su problema".

Pues así cómo actúa el perro de la fábula, se encuentra mucha gente desperdiciando las oportunidades de su vida, solo quejándose, sin atreverse a buscar una solución para su problema, que algunas veces es tan sencilla y fácil tal cual la situación descrita en el cuento del perro del granjero, pero obviamente es más fácil quejarnos de nuestros problemas y echarle la culpa a alguien más, sin asumir las responsabilidades de tomar las acciones correspondientes y disfrutar una excelente calidad de VIDA.

Analizando todo lo expresado en este capítulo, podríamos definir la vida cómo un maravilloso viaje que emprendemos al nacer, con la intención de cumplir un PROPOSITO otorgado por Dios cuando nos mandó a la Tierra, donde cada uno debe descubrirlo, disfrutar de hacerlo, y ser feliz en el intento.

Por eso no importa el tiempo empleado en ello solo debes realizarlo y la mejor forma de hacerlo, es permitirle a EL sea quien guie tus pasos, mientras lo haces, vas aumentando así tu fe y sientes como se alinean todos los eventos en tu vida porque estás conectado con la energía superior, permitiéndole sea él quien se exprese y tu sirviéndole de vehículo a través del cual pueda hacerlo, por lo tanto debemos dar gracias a Dios en cada instante presente por permitirnos disfrutar la aventura de este gran y maravilloso viaje llamado LA VIDA.

CAPÍTULO III

EL TIEMPO

No puedes escapar de la responsabilidad
de mañana evadiéndola hoy.
— **Abraham Lincoln**

Quizás, una de las adversidades más frecuentes de mis estudiantes de pregrado generalmente es ocasionada por estar viviendo el tiempo presente sin definir porque lo están haciendo, es decir no planifican. A lo mejor se debe al hecho de estudiar una carrera universitaria, sin haber comprendido claramente la importancia de estarse preparando para el resto de sus vidas, y cómo plantea Robert Kiyosaki en su libro

"EL CUADRANTE DEL FLUJO DEL DINERO", los jóvenes van a la universidad y se preparan para ser empleados, pues se forman académicamente con un profundo conocimiento en un área determinada por ejemplo: Ingeniería, Medicina, Contaduría, Abogacía, etc., pero la universidad no les enseña cómo funciona el mundo real: es decir, los negocios y el dinero; y entonces terminan teniendo dificultades financieras toda su vida. Y te preguntaras ¿Qué tiene que ver esto con el Tiempo?,… ¡mucho!, puede ocurrir en cualquier instante, pues el Tiempo es un recurso irrecuperable, se puede emplear cómo tú quieras, pero al desaprovecharlo estamos enfrentando la situación real de no haber planificado invertirlo. Por ejemplo: si tu trabajas en la industria del entretenimiento, tal vez ver una película se puede considerar una actividad enriquecedora de tu trabajo, o si lo haces en el turismo visitar un nuevo restaurant no se consideraría perder el tiempo, así que muchas veces no comprendemos el funcionamiento del mismo, puedes usarlo a tu favor o se puede volver en tu contra, eso es parte de las consecuencias de cómo lo emplees. Desde luego, cada quien tiene derecho de gastarlo en lo que quiera, pero si yo te dijera: que cada minuto de tu tiempo te cuesta 1000 Bs, tal vez ¿Serías más cuidadoso con su inversión?...

Una de las asignaturas que imparto, tiene por objetivo permitirle al estudiante de pregrado, descubrir cual es la respuesta para la pregunta: **¿por qué quiero ser Ingeniero Mecánico?**, pues esto se relaciona directamente con el tiempo, al estarse formando para el resto de sus vidas, luego, uno de los grandes problemas a enfrentar es proyectar su futuro, claro está, ello implica tomar decisiones y al ser programados desde niños para no equivocarnos, es más fácil dejar este asunto en manos de terceros, evitando así cargar con responsabilidad de hacerlo.

De manera que, se dificulta asumir la toma de decisiones, no por el hecho implícito mismo, sino por el miedo al fracaso inculcado desde la niñez en la escuela y arraigado en nuestro subconsciente. Volviendo al asunto de "EL TIEMPO", nosotros estamos conscientes y hemos aceptado vivir nuestras vidas de la mejor manera posible o eso creemos, pues, así cómo nacimos un día, algún otro partiremos de esta experiencia humana, pero la mayoría de las veces no detallamos la implicación del tiempo transcurrido, y al estar seguros de alcanzar una vida longeva, le hacemos caso omiso a este aspecto trascendental en ella.

Más aún, referenciándote parte de mi vida recuerdo cuando aspiré la postulación a la candidatura de Diputado en la Asamblea Legislativa del Estado Anzoátegui por el circuito N° 2 (Puerto La Cruz, Guanta y Lechería) para los comicios del 2004, luego de una ardua lucha interna en mi partido, logro la postulación como suplente, pero no conseguimos el principal objetivo, ganar la contienda electoral. En el 2008 vuelvo a intentarlo y esta vez me ví obligado a ceder el puesto obtenido por mi partido a otras agrupaciones de la unidad opositora en pro de esa alianza, donde se refleja lo perfecto del tiempo de Dios, claro está, en esa ocasión no lo comprendía así, por tratar de explicar cada evento en forma aislada y dentro de un pensamiento limitado, para ello he aceptado su desarrollo en un conjunto de eventos interconectados formando parte de ese gran PROPÓSITO asignado por Dios durante el transcurso de mi experiencia de vida humana, y quizá ser Diputado en aquel momento no se alineaba con éste.

En muchas ocasiones he escuchado a algunas personas decir: "**El tiempo no me alcanza**", y eso siempre ocurre cuando no se le dedica una pequeña parte de él, a planificar cómo invertirlo, pues nadie planifica fracasar, solamente se fracasa por no planificar, es allí donde radica la importancia de ese tema que estamos conversando. El Tiempo es un recurso de máxima importancia y generalmente lo dejamos pasar desapercibidamente sin prestarle la merecida atención.

Somos seres espirituales en una experiencia de vida humana, enviados por Dios para cumplir un propósito, descubrirlo y ser felices realizándolo.   Oroncio Chacón

En ese mismo orden de ideas, me gustaría contarte esos instantes cuanto he pensado sobre mi vida cómo algo aburrida, por no ser una figura de notoriedad pública tal es el caso de: algún científico relevante, político importante, estrella del espectáculo o un deportista famoso. ¿Te has sentido igual?... Si así es, tranquilo no te preocupes, ya puedes darte cuenta, ¡no eres el único!, ¡ah! y ¿por qué nos ocurre esto?..., pues, una de las más importantes necesidades del ser humano es EL RECONOCIMIENTO, si, tal cual lo señalado, por eso siempre nos empeñamos en sobresalir en todas las actividades realizadas, para obtener notoriedad e importancia, lo cual representa **EL SER**. Necesitamos obtenerlo para satisfacer el ego, por eso estudiamos carreras sobresalientes en la sociedad, actuamos en política, hacemos actividades deportivas, culturales, sociales, etc.

En ciertos momentos cuando reflexiono sobre las cosas hechas, así cómo las que debí haber hecho,

56

a veces me pongo algo melancólico, entonces comprendo y entiendo no poder hacer nada para cambiarlas, porque fueron experiencias necesariamente ocurridas tal cual cómo acontecieron; eso me permite aceptar el presente (regalo de Dios) cómo el único momento histórico para vivir; el pasado quedó atrás y solo sirve de experiencia para crecer y mejorar; el futuro representa un incierto. ¿Qué cómo llegue?..., depende solamente de la intensidad vivida en el ahora. Siempre tenemos la responsabilidad histórica de emplear EL TIEMPO, ese preciado recurso no renovable de la mejor forma posible, por cuanto es nuestra absoluta decisión la manera de hacerlo, apalancándonos para sacar el mejor provecho o dejándolo ir tal cual agua entre los dedos. De cada uno depende esto, aunque lo más electrizante es saber que ocasionalmente no hacemos gran cosa para sacarle el mejor partido. Una vez me hice una pregunta la cual me gustaría compartir contigo… ¿Qué ocurriría si Dios nos diera una varita mágica para cambiar los asuntos del pasado?...; créeme, se me

Somos seres espirituales en una experiencia de vida humana, enviados por Dios para cumplir un propósito, descubrirlo y ser felices realizándolo.   *Oroncio Chacón*

ocurrieron muchas ideas, ¡debido a la tentación!..., porque, siempre limitamos nuestro pensamiento al capricho de nuestra existencia humana, sin aceptarlo la mayoría de la veces cómo parte de un gran PROPÓSITO, luego esto ocurre por empeñarnos en observar EL TIEMPO, solamente desde la unidad de medida en: horas, días, tal vez meses o años; quizá, por no tomarnos la molestia de entenderlo cual historia de acontecimientos interconectados dando lugar a la persona que somos.

En algunos momentos sólo pensamos en él, los 31 de diciembre en la reunión familiar de fin de año, cuándo encendemos la radio e instantes antes de este nuevo evento, escuchamos aquel bello poema "Las Uvas del Tiempo". Entonces reflexionamos con melancolía por todo aquello inconcluso y pendiente de hacer, dejamos correr alguna lágrima sobre nuestro rostro, luego lo entendemos cómo un pasado, aunque ello no alivie la pena y la tristeza producida por recordar todos esos instantes vividos, con grandes deseos de cambiar.

Referenciando la sabiduría de la fabula, viene a mí mente la historia de un viejo maestro y su joven discípulo, este último le pregunta al primero:

- ¿Maestro cuanto tiempo me tardare en ser tan sabio cómo tú? A lo cual el primero le responde:

- 5 años, y el joven le dice:

- eso es mucho tiempo e insiste, ¿y si trabajo el Doble?, el anciano le responde:

- entonces duras 10 años, a lo que el discípulo replica:

- pero no entiendo ¿si trabajo el doble del tiempo no debería durar menos? y el anciano le explica:

- mi querido alumno, si mantienes un solo ojo enfocado en el camino y el otro en el destino, se pierde tu foco, y desde luego, aumentar el doble del trabajo no garantiza mejorar tu productividad y por ende tu efectividad, por el contario trabajarías durante más tiempo, con lo cual solo harías más larga tu meta.

De la misma manera podemos observar cómo algunas personas trabajan muy duro, y no logran un avance significativo en sus vidas, generalmente les ocurre algo parecido a la carrera de ratas descrita por Robert Kiyosaki muy bien en su famoso libro "Padre Rico Padre Pobre", es decir, en forma figurativa, las personas viven sus vidas tal cual lo hace el hámster corriendo en su jaula dentro de un rueda circular, la cual siempre lo mantiene en el mismo sitio.

En algunas oportunidades, reflexiono y pienso, sobre las cosas que he hecho y las que tal vez debí haber hecho, entonces se me vienen un conjunto de interrogantes a mi cabeza, y para acallarlas me digo:

- Oroncio, no te tortures pensando en las situaciones pasadas, porque buenas o malas, fuiste el actor principal de ese momento en tu vida, tal vez pudiste haberlo hecho de otra forma, y eso pudo ocasionar un conjunto de eventos diferentes, pero es un pasado y aun así no puedes cambiarlo, fueron experiencias resueltas con los recursos disponibles en ese instante, logrando afrontar así la mejor decisión tomada, porque de lo contario no estaría escribiendo este libro ahorita, luego, solo te queda aprovechar toda esa experiencia, obtén lo mejor de ella y disfruta tu presente.

Somos seres espirituales en una experiencia de vida humana, enviados por Dios para cumplir un propósito, descubrirlo y ser felices realizándolo.   *Oroncio Chacón*

Ahora bien, si pensamos en los lapsos referidos a la forma de emplear el tiempo: el corto plazo, el mediano plazo y el largo plazo; siendo partes básicas de la planificación para las acciones a seguir en el cumplimiento de una meta u objetivo; por lo cual, quizá lo más difícil es establecer con precisión la cantidad representativa para cada uno, entonces pudiéramos colocar aquellas acciones requeridas para ser ejecutadas en forma inmediata, tales cómo vivir el día a día, lo necesario para hacer esta semana y tal vez lo desarrollable entre 3 y 6 meses en asuntos referidos al corto plazo; luego, todos aquellos proyectos gestionables en plazos de seis meses hasta año y medio entrarían en la categoría de mediano plazo y los asuntos involucrados en acciones con periodos de tiempo de 2 a 5 años cómo los conducentes a estudios de una carrera universitaria, representarían el largo plazo. En el mundo contemporáneo de hoy definido como LA ERA DE LA INFORMACIÓN, la rapidez en la producción de cambios e innovaciones, implica periodos de 18 meses y hasta menos, en los cuales se presentan nuevos modelos de elementos tecnológicos e informáticos, incrementando la presión sobre la planificación la cual debe adaptarse a esta tasa de cambios en la información. Por todo esto, si deseas mejorar la administración de tu tiempo, te sugiero evalúes ese pensamiento de **Albert Einstein** que dice: **"Locura es pretender que las cosas van a cambiar, si tú sigues haciendo lo mismo"**, desde luego, la única forma de mejorar su uso, es comenzar a tomar plena conciencia sobre tus metas y objetivos para hacer una correcta planeación de él, recuerda se trata de un recurso no renovable.

Precisamente, tenemos la obligación de disfrutar el momento actual, por ser un regalo divino; ¡Dios nos pide hacerlo!, pero la mayoría de las veces damos por sentadas las cosas a nuestro alrededor pasándolas desapercibidas, por ejemplo: estar frente a la playa, a la sombra de un palma de coco disfrutando una tarde soleada, escuchando las olas del mar rompiendo en la arena y una suave brisa marina refrescando nuestro rostro, esos instantes ocurren solo por la voluntad divina, pero los vemos con tanta frecuencia cuando vivimos en un ciudad costera cómo Puerto La Cruz, siendo tan cotidiana esta escena que la dejamos ir sin disfrutarla plenamente, perdiendo la oportunidad de comprender ese bello y maravilloso presente que Dios nos dio; así, al estar inmersos en nuestras preocupaciones desaprovechamos el disfrute de esos instantes representativos del ahora. Igualmente la maravilla de las montañas, con su brisa fría, y la hermosura de la sabana con su policromía de colores y aromas; cómo tal vez hemos dejado pasar muchos momentos e instantes en el transcurso de la vida, por todo eso solo existe un momento para vivir y disfrutarla, el presente.

En muchas ocasiones permitimos a nuestras preocupaciones llenar el espacio de la vida, sin comprender lo gratificante de despertar cada día y ver un nuevo amanecer, que, al tenerlo dado por sentado, se nos olvida lo frágil de la existencia humana;

pensamos en la vida esperando siempre alcanzar una gran longevidad, pero la gran verdad radica sobre el inminente hecho qué nuestra partida puede suceder en cualquier instante, y no somos conscientes de esa realidad o simplemente pretendemos no pensar en ello. Me gustaría preguntarte: - si supieras cuanto tiempo de vida te queda ¿Qué harías?.... seguramente disfrutarías más cada instante de ella, a lo mejor te dedicarías a realizar aquellos proyectos olvidados a los cuales les negaste el tiempo para hacerlos, o quizá te dedicarías a actividades religiosas para confortar tu alma, ¡no se!, cada quien tiene derecho a buscar su propia respuesta…. Pero de algo si estoy seguro, tomarías más en serio al presente.

Particularmente, siempre he pensado que la vida se compone de esos bellos instantes donde tú eres feliz. Luego podemos afinar el tiempo cómo el conjunto de acontecimientos a realizar en forma sucesiva dándole sentido a un propósito de existencia, encomendado por nuestro Padre para llevar a cabo durante nuestra experiencia de vida humana conduciendo con ello a la felicidad plena.

CAPÍTULO IV

EL DINERO

Tú eres una persona de éxito cuando tienes algunas
de las cosas que el dinero puede comprar
y todas las cosas que el dinero no puede comprar.

— Zig Ziglar

Cuando las personas tienen poco dinero no les gusta hablar de él, y si tienen bastante éste se convierte en uno de sus temas favoritos, ¿por qué ocurre esto?..., entonces ¿el Dinero es Bueno o Malo?... siendo pequeño recuerdo haber escuchado:

- "es más fácil que un camello pase por el orificio de una aguja, que un rico entre al reino de los cielos".

Y al parecer es una enseñanza muy empleada en las diferentes religiones, estableciendo el ser Rico cómo algo malo, y colocando a todos ellos de codiciosos y deshonestos, dejando a los pobres en buenos y honestos, con lo cual podrán ir al Cielo; representando una expresión escuchada y repetida en casi todas las congregaciones, ¿Será cierta?... particularmente no la comparto para nada, pues siempre he creído, en uno de los principios filosóficos de mi existencia: **"los objetos son inanimados por si solos, y no pueden ser buenos o malos"**; y el dinero es un objeto, luego, la bondad y la maldad son sentimientos y ellos viven en el corazón de los hombres.

Claro está, a veces nos engañamos justificando las acciones no realizadas para sentirnos bien, seguidamente nos aferramos al uso de refranes populares para librarnos de cargar con la culpa por no haberlas efectuado, por ejemplo: **"somos pobres pero honrados"** toda una joya de sabiduría popular ¿lo crees?..., pues bien, emplear este refrán es sumamente riesgoso, ya que encierra dos afirmaciones peligrosas y muy nefastas. **LA PRIMERA**: coloca el "Ser Pobre" de gran virtud, teniendo una profunda diferencia con aquellas personas creyentes de ello, lo cual me lleva a pensar sobre la poca fe en Dios de éstos, porque para todos nosotros se trata del ser supremo reconociéndolo de nuestro Padre, definiéndolo como el Rey de Reyes, y si esto es cierto, entonces, ¿Qué somos nosotros?.... pues, somos su hijos, luego, siendo él un Rey y nosotros sus hijos, **"somos Reyes, Reinas, Príncipes y Princesas de este reino"**, convirtiéndonos en los grades merecedores de todas las maravillas y la **ABUNDANCIA** que nuestro Padre puso en este mundo para el disfrute y deleite de todos nosotros ¿Qué te parece?... ¿Estás de acuerdo?... Claro está, el problema se presenta por el bajo nivel de creencias, es decir nuestra fe, de modo que al efectuar la pregunta a cualquier persona (exceptuando los ateos) si creen en Dios, todos te responderían con un gran Siiiiiiiii, pero ¿sí realmente le creen?..., entonces, al ser así, porque aceptan vivir vidas apenas tolerables, de miserias, calamidades y penurias, ¿por qué, aunque no les gustan su existencia las aceptan y las toleran?..., y ¡se llaman creyentes!... **LA SEGUNDA**: los ricos son malos, avaros, deshonestos, y cuanto descalificativo se te ocurra; en mi opinión representa otra terrible equivocación, pues, a lo mejor existen algunas personas que IDOLATRAN el dinero y serían capaces de hacer cosas terribles para obtenerlo, por ejemplo: los narcotraficantes de drogas y sustancias prohibidas, los esclavistas sexuales, los asesinos a sueldo, etc.; pero también existe un conjunto muy grande de personas ricas, cuyas fortunas vienen del trabajo disciplinado y honesto, los cuales generalmente ayudan a mucha gente, generando puestos de trabajo a través de sus empresas e inversiones, y beneficiando a los más necesitados mediante sus fundaciones.

Por todo esto, hablar del Dinero es un tema sumamente apasionante. En el mundo moderno de hoy, él representa un medio de canje para acceder a todas las cosas necesarias en una vida de abundancia y satisfacción, señalemos: alimentación, vestido, vivienda, transporte y otras más superfluas cómo viajes y distracciones.

El escritor Robert Kiyosaki, quien es uno de los mejores analistas financieros de Estados Unidos, dice: **"me encanta el dinero porque me permite comprar más opciones"**, yo siempre he dicho: **"lo mejor de tener dinero es el placer de disfrutar gastándolo"**, y tú podrías decir que somos ambiciosos y quizá lo seamos, pero si quieres viajar y conocer todas esas maravillosas bellezas naturales colocadas en este mundo por Dios, también disfrutar de las mejores comidas y los mejores lugares del mundo, necesitas tener suficiente dinero para estar en ese nivel.

Mucha gente piensa que el dinero es algo limitado, y eso no es cierto, Dios hizo este mundo de abundancia para el agrado de todos sus hijos, los cuales somos nosotros, es solo cuestión de creer esta aseveración, hacerla cierta y disfrutar las cosas buenas de esta vida. Y cuando hablamos de abundancia es literalmente el empleo de dicho termino, así, las limitaciones solamente las tenemos en nuestro pensamiento.

Cuando analizamos a las personas que han tenido grandes logros económicos en diferentes áreas tales cómo: los negocios, el deporte, la ciencia, la política, el espectáculo, etc., observamos un común denominador en ellos, tuvieron el coraje de trabajar disciplinadamente, con esfuerzo y dedicación en pro de lograr los sueños trazados, por eso les digo a mis estudiantes: la gente no planifica fracasar, fracasa por no planificar.

Claro está, un buen plan solo no da resultados, debe ser llevado a la acción, es decir, desarrollarlo con disciplina, pasión, perseverancia y dedicación, y todo esto se logra cuando ese trabajo se hace poniéndole el corazón, cómo son esos grandes deportistas, por ejemplo: Miguel Cabrera en el Beisbol, Leonel Messi o James Rodríguez en el Fútbol y demás grandes iconos deportivos, ellos triunfan, porque lo sueñan, lo viven, lo disfrutan, lo sienten y eso les hace estar dispuestos a correr la milla más, a dar ese plus más que no todos están dispuestos a hacer, luego ese despeño tiene su recompensa; por eso sus logros se visualizan y se traducen en sus ingresos, y entonces ellos merecen el infierno por ganar sumas multimillonarias… ¿Verdad que no? o son malos por ser ricos, no, definitiva y rotundamente no podemos ser tan cortos de vista y aceptar esa paradoja mal interpretada sobre los asuntos religiosos.

Cada quien tiene derecho a sacar sus propias conclusiones, pero no podemos aseverar sobre la riqueza o la pobreza tal sinónimos de maldad y bondad respectivamente, eso sería materializar a los objetos inanimados cómo entes con sentimientos y emociones, siendo éllos sólo potestad ser humano.

Uno de los problemas más frecuentes enfrentados por muchas personas es el desconocimiento sobre el dinero y cómo funciona, pues este es un medio de cambio, y en nuestra sociedad moderna es indispensable para acceder a los artículos, bienes y servicios. No importa tu formación académica, trátese de un profesional universitario, un empleado, un obrero o una ama de casa, casi todos tienen problemas financieros, debido al desconocimiento del funcionamiento sobre el dinero; estando recién graduado de ingeniero mecánico, junto con dos colegas más: Jorge y Fernando, emprendimos la aventura de hacer una compañía de servicios ingenieriles, con la cual no tuvimos mucho éxito, porque con el ego de ser profesionales universitarios, y en esa época juvenil, pensábamos saberlo todo, y cual craso error, pues si teníamos un muy buen conocimiento de la ingeniería adquirido en nuestra formación académica, no conocíamos el accionamiento de los negocios en el mundo real: manejar nominas, contratar personal, lidiar con el personal, llevar la contabilidad, hacer negociaciones, comprar y vender productos, leyes laborales y mercantiles, impuestos, etc.; además cómo si fuera poco tampoco teníamos idea del dinero y sus leyes. Diríamos, esa fue la perfecta receta para el desastre; pero aunque no fue un desempeño exitoso, pude sacar grandes experiencias, las cuales me han sido muy útiles hasta estos días. Y te preguntaras ¿Qué tiene que ver mi historia en esto?... a lo mejor la consideres irrelevante, pero te cuento, una de las dificultades, fue precisamente desconocer el funcionamiento del dinero, porque cuando te formas académicamente en la Universidad tienes conocimiento técnico de tu profesión pero el dinero es quien define las pautas en el mundo, es decir, la economía y los países funcionan a través de las reglas del dinero, siendo el medio de cambio con el cual se consiguen todas las mercancías requeridas para funcionar. Por ejemplo, si quieres tener tus alimentos viviendo en una ciudad, necesitas dinero para ir de compras al mercado, si necesitas vestidos igualmente requieres de dinero para ir a una tienda y poder adquirirlos, y así sucesivamente, porque esas son las reglas del juego en nuestra sociedad moderna.

Ahora bien es fundamental entenderlo para poder operar en ella, de lo contrario le das ventaja a las personas que si lo conocen, y aunque seas un profesional universitario el desconocimiento de ello te pone en apuros financieros. Así: "mucha gente vive su vida sumergida en la carrera de ratas" que Robert Kiyosaki explica en su libro padre Rico Padre Pobre. Por el desconocimiento del dinero, mucha gente vive toda su vida persiguiendo el dinero, trabajan para ganar dinero, y luego se les va toda la vida persiguiéndolo, sin disfrutar de la misma, y cuando se dan cuenta se les ha ido la vida sin haber disfrutado de lo maravilloso de estar disfrutando el presente.

Adicionalmente relacionamos nuestro pensamiento respecto al dinero cómo algo codicioso, lo cual nos infiere un conjunto de miedos y dudas sobre trabajar arduamente para tenerlo, y cómo la codicia es una gran enfermedad, es malo ser rico; de esta forma nuestro subconsciente tiene un gran problema, se debate entre la necesidad de tener dinero para adquirir los bienes y servicios requeridos en la vida de nuestra sociedad contemporánea y las enseñanzas religiosas, comenzando sin darnos cuenta una lucha interna que la mayoría de las veces pasa desapercibida, y solo la detallamos cuando reflexionamos sobre el gran esfuerzo trabajando duro y lo poco logrado, pues nuestro cerebro fue programado desde el subconsciente a creer que el dinero es algo malo y adicionalmente ser pobre te permite entrar al cielo, siendo para todos nosotros, los creyentes en

Dios, el máximo logro en esta experiencia humana, ser lo suficientemente buenos para alcanzar la gloria de estar en el Reino de los cielos.

Por todo lo antes expuesto debemos comenzar a cambiar los paradigmas referente al dinero, él representa un medio de cambio, y todo, absolutamente todo lo existente en el mundo fue creado porque Dios ha permitido que así sea, (respetando por supuesto los ateos); entonces debemos comenzar a pensar en ese grandioso Padre benevolente, amoroso, creador del conjunto de maravillas y abundancia para nuestro disfrute en toda su plenitud.

Ahora bien, ¿qué podemos hacer? Pudieras estar esperando de mi parte una receta mágica para convertirte en millonario, cosa poco probable, pues solo tú eres el dueño de tu propio destino, dentro de estas ideas me gustaría compartir contigo el eslogan de un programa de televisión por cable, denominado Mundo de Millonarios: *"El Mundo es un lugar lleno de oportunidades, cada quien tiene que salir a buscar la suya*", me encanta por estar alineado con mi forma de pensar, debido a la gran profundidad expresada en una pequeña simpleza, es decir, en el mundo hay de todo, pero nada es gratis, debes estar dispuesto a correr esa milla más, estar dispuesto a hacer ese plus más que el común de las personas no se atreven a lograr; por eso vemos a los grandes personajes de la historia, en las diferentes áreas de la vida consiguieron el éxito, no se han quedado esperando al gobierno, o la llegada Dios montado en una nube blanca con una gran barba y una túnica blanca bien inmaculada, te digan cómo hacerlo, simplemente están dispuestos a realizar todas esas tareas necesarias para cumplir el propósito encomendado por Diosito en esta experiencia humana. Por eso me permito inferirte, **"¡Si supieras que no vas a fracasar…!   ¿Qué Harías?....,** ¿te atreverías?..., perderías el miedo y ¿tomarías las riendas de tu vida sabiéndote el arquitecto de tu propio destino?

Somos seres espirituales en una experiencia de vida humana, enviados por Dios para cumplir un propósito, descubrirlo y ser felices realizándolo. Oroncio Chacón

Muchas veces, cuando me pongo a pensar, imagino estar en esta experiencia humana viviendo una gran aventura en la cual debemos descubrir nuestro propósito y disfrutar de ser felices llevándolo a cabo. Al analizar los grandes problemas podemos detallar soluciones a través de acciones sencillas, ocurriendo muchas veces un conflicto con nuestro ego profesional, pues les damos poca importancia a ellos cuando no empleamos dotes de gran conocimiento e inteligencia. En mi caso particular, me encanta observar la gran sabiduría que Dios le dio a lo natural, permitiéndole a cada especie vegetal o animal, de este mundo estar interconectadas para cumplir un gran propósito. Por ejemplo, el hombre logró desarrollar la gran mayoría de los inventos, maquinas y artilugios, estudiando el comportamiento de lo natural, la majestuosidad de un águila deslizándose suavemente por el aire, la forma cómo las manadas de gansos surcan el aire en perfectas formación para optimizar sus energías en las migraciones climáticas, análogamente podría citar numerosos ejemplos.

Ahora bien, estarás pensando y ¿todo esto cómo está relacionado con el tema central de este capítulo, "el Dinero"? Tal vez no lo comprendas pero si lo analizamos a fondo, ¡se relaciona y mucho!..., pues, los avances tecnológicos se logran porque hay alguien dispuesto a colocar el dinero para producir esas ideas, los conceptos, y las leyes que permitan a través del conocimiento llegar al desarrollo de los mismos, y entonces, vuelvo a inferir: el dinero… ¿es bueno o es malo?

Recuerdo en una oportunidad conversando con un amigo sobre el precios de los productos, el me decía.

-Oroncio, yo me merezco manejar un Mercedes Benz, un BMW o un Audi, por citar solo un ejemplo de algunos de las más glamorosas marcas de vehículos, pero mi ingreso en estos momentos solo me permite comprar un Chevette; el problema no es lo que merezco o no, todo se refiere al hecho de solo poder pagar por un vehículo popular por cuanto no he desempeñado el suficiente trabajo para tener un ingreso con el cual pueda tener esos vehículos.-

Esa fue una excelente respuesta para una de las grandes paradojas presente en nuestra mente, ¡me lo merezco!..., yo diría: -Claro que si – pero debemos ser honestos y preguntarnos: ¿estamos desarrollando nuestro mejor esfuerzo? Quizás ese es el problema por el cual la mayoría de la veces no logramos tener el dinero suficiente para disfrutar la más alta calidad de vida; no existe ninguna duda al respecto sobre el irrefutable hecho: ser merecedores de lo mejor existente, pero a lo mejor no corrimos esa milla más, ni tampoco hicimos ese plus realizado por los grandes deportistas exitosos y todos aquellos merecedores de estar en la cima. Seguramente te surgirán un conjunto de dudas y preguntas, quizás estas palabras te puedan ayudar, pero cada quien debe buscar su propia respuesta.

Recuerdo una serie de películas famosas "The Karate Kid", donde un adolescente, desarrolla una gran experiencia de vida, pues, en los momentos del torneo cuando el muchacho tenía sus dudas, su maestro le decía: *"Saca el mejor Karate que se encuentra dentro de Ti"*. Siendo esto cierto, y si aplicamos esa filosofía en nuestras existencia podemos observar que lo mejor de uno está dentro luchando por tomar el control de nuestras vidas, pero el miedo al fracaso gravado en nuestro subconsciente desde las primeras etapas de la niñez y nuestra falta de fe, nos impide sacar lo mejor de uno, para afrontar con valentía y vivir sin miedo esa aventura de disfrutar el presente como algo maravilloso y divino dado por Dios. Por todo lo antes expuesto, decirte si el dinero es bueno o malo no me corresponde hacerlo, solamente tú puedes descubrir esa respuesta, lo verdaderamente importante es que la alinies con tus pensamientos, permitiéndote vivir desarrollándote en función de tu propósito de existencia.

CAPÍTULO V

LA IMAGINACIÓN Y EL CONOCIMIENTO

La tragedia en la vida no consiste en no alcanzar tus metas. La tragedia en la vida es no tener metas que alcanzar.

— **Benjamín E. Mays**

Te has planteado alguna vez, ¿Qué es más importante la Imaginación o el Conocimiento?... probablemente todas las personas con formación académica en el área de las ciencias, estaríamos tentados en afirmar que desde luego el conocimiento, y de repente tenemos mucha razón, por cuanto todos, absolutamente todos tenemos razón en cuestión de opinión, pues una opinión es la formación de un conjunto de ideas desarrolladas en el contexto de un marco de pensamiento establecido, porque cuando tú haces una afirmación, ella es evaluada dentro de una referencia, un patrón, determinando así lo allí establecido.

Permíteme contarte algo, uno de los más importantes hombres de Ciencia del siglo XX, afirmaba que: *"La Imaginación es más importante que el Conocimiento, porque el Conocimiento es lo que es, pero la Imaginación representa lo que puede llegar a ser"*, ese magnífico personaje, en mi opinión es uno de los hombres de ciencia más relevantes del siglo pasado y quizá se trata del personaje más precursor de nuestro mundo contemporáneo, ¿sabes quién es?... nada más y nada menos: Albert Einstein, la mayoría le conoce por atribuírsele ser el padre de la Bomba Atómica, pero su mayor logro lo estableció "La Teoría de la Relatividad", y es por allí donde se encuentra la grandeza de su obra, ésta sentó las bases para un desarrollo sin precedentes en la vida contemporánea de hoy en día. Pero no te quiero aburrir con un charla de ciencia, a lo mejor no te agrade mucho y de repente te fastidie un poco, solo lo hice para colocarte al personaje y su pensamiento en contexto, ahora bien, cuando un científico de su estatura te hace una afirmación de esta magnitud sobre el conocimiento y la imaginación, es como para analizarla, ¿lo crees?... Yo mismo, antes de revisarla en profundidad, siempre establecía al conocimiento cómo más importante, y luego, después de descubrir este pensamiento de Einstein, decidí ahondar un poco sobre este tema, porque con mi ego, de hombre académico, ligado a la docencia, en mi formación siempre se nos inculcó la importancia del conocimiento, pero con mi responsabilidad de profesor universitario debo estar siempre a la vanguardia, abierto en la búsqueda del mismo, permitiéndome romper los paradigmas para fomentar y crear nuevas teorías conducentes al desarrollo de mayor cantidad de conocimiento.

Continuando con el mismo orden de ideas, y sin deseos de fastidiarte con un aburrida charla academia, te puedo contar que hoy mi pensamiento está alineado con el de Einstein, porque la imaginación es muchísimo más importante, representando el motor impulsor de la búsqueda de nuevos elementos y posibilidades para el desarrollo del ser humano. Recuerdo haber escuchado una historia la cual quiero compartir contigo:

Cuando se encontraban inaugurando la rueda del mundo del Walt Disney World (poco tiempo después de la muerte del Sr. Walt) el gerente general del parque en su discurso expresa: "es una lástima que el Sr. Walt no haya podido ver su obra terminada"; y la esposa de Walt quien estaba entre los presentes le replicó:

"gracias a que mi esposo la visualizó en sus sueños, hoy en día la estamos inaugurando".

Por historias ocurridas cómo la descrita anteriormente, que suceden más frecuentemente de lo pensado, debemos ponerle más atención a la importancia de soñar, y sobre todo soñar en grande.

Parecerá tonto, y algunas veces, hasta infantil, pensar sobre la importancia de los sueños, pero si recuerdas cuando éramos niños soñábamos sin medida; soñábamos siendo Superman, el hombre Araña, Batman, la Mujer Maravilla, o queriendo ser bomberos, policías, astronautas, médicos, ingenieros, presidentes, militares, estrellas de cine o televisión, nuestra imaginación no tenia límites, porque solo teníamos un objetivo en mente, simplemente divertirnos y ser felices en el intento. Luego cuando crecemos, pensamos que es infantil, e inmaduro seguir soñando, nos dedicamos a ser adultos, con una vida vuelta una fastidiosa rutina, o simplemente un suplicio de dificultades, el trabajo, el sueldo, pagar las cuentas, sin permitirnos el tiempo de soñar y vivir disfrutándola tal cual éramos niños… ¿Qué paradoja? ¿Verdad?...

Por eso uno de los elementos existentes más importantes en el desarrollo de los grandes proyectos es el sueño, cuando éramos niños no sabíamos cual era su importancia, pero lo hacíamos intuitivamente, pues su energía nos impulsa para lograrlo, así cómo Walt Disney soñó el conjunto de atracciones para divertir a las personas en su parque, gracias a la visión de un hombre, esos sueños un día se convirtieron en realidad. Estas cosas afirman el pensamiento Einstein, cuando coloca a la imaginación por encima del conocimiento.

Ahora bien, podrías decir que se trata de puras tonterías, pero piensa y detente un instante; alguna vez, ¿soñaste con tener una casa?... y ¿como la querías?... ¿querías ser profesional universitario?... ¿Uhm…?, no pretendo darte recetas mágicas, pues me convertiría en arrogante y cretino pretender saber las cosas necesarias para ti, solo me gustaría ayudarte a descubrir todo lo extraordinario que se encuentra dentro de ti, batallando y luchando con tus miedos y tus dudas para emerger permitiéndote convertirte en todo eso que siempre has deseado ser…

Te puedo contar algunas experiencias por ser hombre académico y profesor universitario inmerso en la investigación, siempre me propuse algunos sueños importantes; por ejemplo, cuando era un joven universitario, soñaba con ser un profesor de mi alma mater, no sabía nada de la importancia de los sueños, pero actuaba con el mismo instinto de un chiquillo, me gustaba, porque siempre me ha encantado enseñar los conocimientos aprendidos, me fascina la comodidad del horario y las vacaciones; porque me da la oportunidad de compartir el tiempo de calidad con mi familia; y la Universidad es ese sitio, donde podemos desarrollar investigación si así nos lo proponemos. Y hoy, luego de 16 años continuos en la UDO, he logrado obtener grandes gratificaciones en mi desempeño docente, entonces sin saberlo, ya desde muy joven aplicaba la importancia de tener grandes sueños.

¿Qué te parece?... ¿Qué opinas tú sobre los sueños? Recuerda, mi objetivo es presentar un conjunto de interrogantes, quizá te sirvan para establecer tu opinión sobre el tema planteado, en ningún momento quiero parecer un fastidioso erudito explicando mis razones para convencerte, puedes compartirlas o no, puedes estar en desacuerdo, pero siempre podemos seguir interactuando a través de este medio; lo realmente importante es que esta conversación te permita descubrir si tienes asuntos que siempre has deseado realizar, pero por algún motivo nunca lo has llevado a cabo, recuerda el titulo de este libro. Por eso es mi interés en hacer preguntas, porque la mayoría de las veces, estamos tan ocupados sobreviviendo en nuestras vidas, y no tomamos el tiempo para disfrutar las cosas verdaderamente importantes de ella, entonces, decimos, lo importante es trabajar duro, para ganar dinero y comprar las cosas verdaderamente necesarias como: la casa, el carro, los estudios para los hijos, la ropa, la comida, pagar los servicios, y bueno, lo demás debe esperar... ¿Te parecen familiares estas expresiones?...

En esos momentos, estamos muy ocupados en la relevancia de ser adultos y desempeñando un gran papel en la sociedad, sin poder seguir haciendo aquellas cosas divertidas de cuando éramos niños, cómo dice Robert Kiyosaki, generalmente estamos sumergidos en la carrera de la rata, es decir, trabajando duro persiguiendo el dinero y caemos en la paradoja donde tratamos de conseguir dinero para buscar un alto estándar de vida, que al hacerlo desde un trabajo lineal, con muy poco apalancamiento y dependiendo del cien por ciento del esfuerzo personal, el mismo se convierte en una lucha continua para sobrevivir ganando dinero y cubrir los gastos de la vida en las modernas ciudades de la sociedad contemporánea, donde ese esfuerzo diario desvanece el tiempo de soñar, para tener y disfrutar las maravillas reservadas por Dios... ¿Qué te parece? Toda una contradicción, luego debemos pensar en buscar una solución, para obtener ese nivel de vida conducente a la felicidad plena, ¿te parece?... eso que habías soñado conseguir.

Ahora, volviendo al punto central de este capítulo hemos hablado de la imaginación y del conocimiento; en mi formación de ingeniero, este último es de mucha importancia, pues representa la base del desarrollo principal de nuestra profesión, igual lo sería para un médico, un contador, un abogado o cualquier otro profesional; pero el conocimiento existe y está estructurado, desarrollado y establecido; luego se imparte en la Universidad cómo la panacea conducente al éxito, pero en realidad este lo alcanza cada quien dependiendo de su esfuerzo, disciplina, dedicación, empeño, persistencia, planeación, pasión y empuje realizado en la actividad, donde no sólo depende del nivel de conocimiento, sino de las habilidades en la ejecución de su trabajo o actividad. Por ejemplo, tú puedes haber sido un excelente estudiante en la Universidad, lo cual garantiza poseer un importante cúmulo de conocimiento en tu profesión, pero solo ello no da el aval de tu desempeño profesional, por eso el conocimiento solo no basta, se requiere de un conjunto de habilidades desarrolladas por la persona para ser un profesional de éxito, aunque eventualmente pudiera tratarse de una persona que, dado sus conocimientos y habilidades, probablemente tenga éxito, sin garantizar necesariamente con ello el logro financiero necesario y disfrutar un estilo de vida pleno y feliz. ¿Parece una paradoja? ¿Lo crees?...

Estas situaciones ocurren con mucha frecuencia, te cuento mi experiencia personal. Soy Ing. Mecánico, tengo una Maestría, profesor de Pregrado y Post grado con el segundo escalafón más alto (docente Asociado) de una Universidad autónoma, lo cual me llena de grandes satisfacciones personales y profesionales, me da: **"Cache o Status"**, pero el ingreso, es decir, mi sueldo (gracias a Dios lo tengo) apenas me alcanza para cubrir las cuentas con grandes limitaciones económicas, lo cual me obliga a tener una vida austera, entonces eventualmente diríamos, el conocimiento solo no basta. En la Universidad recibimos una cantidad importantísima de éste, pero el mundo real funciona con las reglas impuestas por el dinero, y no pretendo calificar el dinero en el grado más importante, ya lo conversamos en el capítulo anterior, pero en la sociedad moderna, el dinero es el medio de cambio necesario para acceder a las artículos, bienes y servicios requeridos para llevar una vida plena y abundante.

Desde luego, me siento muy orgulloso de ser un profesional universitario con todos los logros académicos y profesionales, lo verdaderamente relevante es comprender el ¿por qué? y ¿para qué?

queremos obtenerlos; en este mismo orden de ideas y cómo la libertad de cátedra me lo permite, incorpore de primer tema: **"VISIÓN PARA EL ÉXITO"** al programa de la asignatura: "Introducción a la Ingeniería Mecánica"; porque el objetivo de esta asignatura es permitir al estudiante descubrir ¿porqué? y ¿para qué? quiere convertirse en un ingeniero mecánico. Desde luego la visión consiste en definir tus sueños, establecer metas y fijar compromisos, por eso la gran importancia de la imaginación, pues ese sueño inspirador logrará vencer todos los obstáculos, porque él tiene la energía suficiente para sacarnos de la zona de comodidad y permitirnos afrontar los procesos necesarios para lograrlo. Además quiero dejar claro lo gratificante y dignificante de tener un trabajo, sin pretender inducirte a dejar de estudiar y tampoco restarle la relevancia correspondiente a los profesionales universitarios, solo que debes tener bien definido cuáles son tus sueños y hacer lo necesario para conseguirlos.

Continuando la secuencia del tema, recuerdo la fábula de cuando Dios envió al "Lápiz a la tierra" y le señalo los cinco postulados a cumplir para tener éxito en su vida:

1. **Para que puedas realizar grandes trabajos debes dejarte guiar por la mano más experta del camino**; esto establece la necesidad de ser guiado por un ser superior a ti, mi sugerencia deja al Señor tu Dios sea quien guie tu vida.

2. **Cuanto más logres, entenderás que tu punta se ha gastado, y pasarás por el doloroso proceso de ser afilado nuevamente si quieres seguir siendo un gran lápiz**; con lo cual Dios nos indica la necesidad de pasar por el doloroso proceso de ser afilado, de sacarte punta de nuevo, cada vez que estés preparado para avanzar a otro nivel, por ejemplo: cuando terminaste el bachillerato y fuiste a la

Universidad se hizo necesario ser afilado, adquirir nuevas destrezas, hacer nuevos amigos, cambiar el ambiente y ese proceso fue duro, pero indispensable porque estabas avanzando a otro nivel en tu vida.

3. **Tienes una borra para corregir tus errores;** esto sugiere la importancia de evitar criticarme, puedo cometer errores, para eso tengo una borra, para borrar y volver a empezar, lo más importante no es ser perfecto, sino comprender con humildad la equivocación cómo parte del proceso, entonces puedes borrar y volver a comenzar; quizás este es uno de los problemas más grandes por afrontar, porque siempre queremos realizar todo a la primera vez y cuando no lo logramos, abandonamos sin entender que la equivocación es parte natural del modelo de aprendizaje colocado por Dios entre nosotros, por eso le puso la goma al Lápiz.

4. **La parte más importante de ti, siempre será la que está por dentro;** en este postulado observamos que lo más importante puesto por Dios en cada uno de nosotros se encuentra en nuestro interior, así como para el lápiz lo más importante de él es su mina, la cual se encuentra internamente, para cada uno de nosotros lo más importante se encuentra dentro de nosotros, porque en él, Dios coloco la semilla de la grandeza permitiéndonos así, cumplir esa misión encomendada por el Padre Todopoderoso en esta experiencia humana.

5. **No importa cuál sea tu condición, tú debes seguir escribiendo;** finalmente este último sugiere que debes continuar con amor, dedicación, persistencia, disciplina, entusiasmo y pasión si quieres dejar un gran legado en tu vida, no importa los procesos enfrentados o por enfrentar, ni los obstáculos vencidos o por

vencer, siempre debes estar dispuesto a trabajar hasta el final para alcanzar ese **PROPÓSITO** en esta experiencia de vida humana.

Es así cómo podemos comprender una de las más importantes lecciones dadas por Dios para cumplir ese **PROPÓSITO** divino encomendado por él, durante esta existencia humana. Tal cual lo expresa la Parábola del Lápiz; si permitimos a Dios guiar nuestra vida; si aceptamos nuestra vida desde un conjunto de procesos de aprendizajes dolorosos algunas veces, pero necesarios si queremos avanzar al siguiente nivel; si entendemos la importancia de tener la suficiente entereza para efectuar borrón y cuenta nueva, recoger los vidrios, levantarnos y seguir; si comprendemos de una vez por todas que lo mejor nuestro se encuentra dentro de uno; y si realizamos todas las labores emprendidas con amor, entereza, disciplina, pasión, empuje y ganas, solo estamos destinados a la grandeza y la abundancia colocada por Dios en esta tierra para el disfrute de todos sus hijos.

Finalmente puedo confesarte estar plenamente de acuerdo con Einstein, la imaginación es más importante que el conocimiento, tal vez lo compartas…, tal vez no…, pero espero haberte expresado en este capítulo mi punto de vista y con ello logres comprender cómo siendo una persona ligada al ámbito académico puedo hacer esa afirmación, además sí te ayudé a establecer tus propias conclusiones, aceptando tu derecho a pensar diferente porque ello representa el primer derecho divino, EL LIBRE ALBEDRÍO, considero mi objetivo cumplido.

CAPÍTULO VI

REGÁLATE UN POQUITO DE FELICIDAD

*¿Por qué contentarnos con vivir a rastras
cuando sentimos el anhelo de volar?*
- Hellen Keller

Bueno, si estás leyendo estas líneas, al parecer por lo menos te ha gustado la historia presentada hasta ahora, o tal vez eso creo yo, de todas formas veamos otro tema más, la Felicidad. Te has hecho esta pregunta alguna vez: ¿Qué es la Felicidad?... Créeme ella es una de las interrogantes que siempre ha dado vueltas en mi cabeza, te voy a contar una anécdota y así quizás me comprendas:

En la mañana del día de mi boda, mi madre me pregunta, algo angustiada:

- ¡Hijo!... ¿Estás seguro de este paso que vas a dar en tu vida?, y yo le respondí:

- Claro que sí Doña Teo, y ella me replica:

- Recuerda se trata del matrimonio por la iglesia y eso es para toda la vida, y yo le dije:

- ¡Mamá!..., yo me voy a casar con el objetivo de tener una familia y ser feliz, pero si las cosas no funcionan así, créeme, no pienso pasar toda una vida con alguien simplemente por cumplir un sacramento de la Iglesia, me divorcio y listo, entonces ella con lágrimas en los ojos me dijo:

-¡Hijo!... si tu pensamiento es divorciarte no te cases. Y yo le repique:

- ¡No mamá!..., mi objetivo es casarme y ser feliz, pero si las cosas salen de la forma que uno no lo ha planeado, tampoco pretendo sacrificar mi vida y mi felicidad en algo que no funcione.

Desde luego, en ese momento no le entendí su preocupación, quizá fui un poco duro con ella, pues mis padres se separaron cuando yo tenía diez años y nunca se divorciaron, a lo mejor ellos pensaban sobre romper el sacramento del matrimonio eclesiástico implicaba un terrible pecado ante Dios y por tal motivo nunca lo hicieron. Ahora bien, pensando y analizando los argumentos e ideas de mi madre, entendiendo sus razones, ella veía las cosas según su punto de vista, donde había aprendido que el matrimonio eclesiástico es la unión hecha por Dios representado por un cura de Nuestra Iglesia Católica, y asumía de forma literal cuando el Sacerdote en este acto dice: **"hasta que la muerte los separe"**. Claro esto es un paradigma, creado por la iglesia con sus razones validas o no, pues se trata de la unión en concordancia con los "**preceptos de la iglesia**", representando una idea con la cual tengo profundas diferencias, porque tú no puedes estar atado a alguien, con el cual ya vivir tu vida se vuelve un infierno de pleitos y disgustos, por situar alguna referencia hipotética. Por todo esto, y dentro de mi mayor amplitud de pensamiento comprendí las preocupaciones de las palabras de mi madre en aquel momento, afortunadamente, ya son más de 19 años que llevo casado con mi adorada Crisálida de Chacón, esperando se extienda por muchos años.

Ahora bien, la Felicidad, cuan complejo es este tema, ¿te parece?..., cuánto me costó explicarte que había entendido las palabras de mi madre en aquel momento; recuerdo también haberle dicho a mi madre: - que lo lamentaba pero mi decisión era no hacerle caso a su consejo y si funcionaba lo iba a disfrutar pero si no, tampoco iba a arruinar mi vida, me divorciaba y se acabó. No sé, si estás de acuerdo conmigo, pero este tema es muy complejo, porque regularmente lo damos por sentado dejándolo pasar sin darle su merecida importancia.

En el mismo contexto de ideas, este tema representa una de las situaciones más difíciles experimentadas por el ser humano; cuando le preguntas a alguien si quiere ser feliz, seguro te responde afirmativamente, pues todos queremos disfrutar de las cosas buenas de la vida y ser felices, pero a veces, las personas permanecen en relaciones de parejas abusivas, sin contribuir a su felicidad, y no hacen nada por cambiar la situación, ¿por qué ocurre esto? Tal vez, sea una de las paradojas más importantes presentes en los seres humanos, algunas veces está relacionada con la autoestima de las personas, otras veces se siente irremediablemente atada a esa otra persona debiendo necesariamente soportarla, aun cuando esa relación le esté afectando su vida a tal extremo de convertirla en un infierno.

Otras veces obedece a la dependencia que significa para una mujer casada contar con un hombre quien le ayude a pagar las cuentas, a sus necesidades y la seguridad dada de contar económicamente con ese apoyo, haciéndoles aceptar una vida de abusos y maltratos, por el miedo de afrontar sola los problemas económicos de sostener una casa y criar unos hijos, y así muchas mujeres consientes o inconscientemente aceptan esta situación, aunque estén con ella sacrificando su felicidad.

Por eso dice el dicho: "amor con hambre no dura", pues el dinero te permite acceder a los bienes y servicios necesarios en nuestras sociedades modernas, cómo dice Robert Kiyosaki: **"el dinero me compra más opciones"**, y necesariamente no es lo más importante, pero te permite disfrutar de una alta calidad de vida cuando lo tienes, desde luego, el dinero no hace la felicidad, aunque tenerlo te ayuda a resolver los problemas que en muchos hogares y relaciones de parejas, son consecuencias de las carencias económicas, permitiendo afrontar el día a día de nuestras vidas en la sociedades modernas. Ese es el precio de vivir en grandes ciudades, y para todo ello el dinero se convierte en un medio de cambio indispensable para afrontar la vida.

Siempre he vivido inquietamente haciéndome preguntas, pensado sobre las mejores respuestas que puedo conseguir, cómo por ejemplo: ¿eres feliz en la relación de pareja que tienes?..., ¿eres feliz con el trabajo que realizas?..., ¿te sientes bien con la vida que llevas? ¡Claro está!, es importante estar siempre preparado para hacértelas, sólo si verdaderamente estas dispuesto a escuchar las respuestas surgidas del análisis de tu vida, aun cuando no sean de tu agrado.

Una de las cosas más interesantes sobre mi vida, se refiere a lo maravilloso y grandioso de Dios actuando en ella, pues todo cuanto le he pedido con verdadera fe, me lo ha obsequiado. Cuando era estudiante de pregrado deseaba ser profesor universitario y hoy en día he consagrado mi vida en ello, porque para él, lo más importante es que descubras tu propósito en esta experiencia humana, lo lleves a cabo y seas feliz en ese proceso.

En muchas ocasiones preferimos estar ocupados haciendo nuestro trabajo de todos los días, sin darnos cuenta que somos muy activos pero poco productivos, por lo tanto sólo está transcurriendo el tiempo y parecemos un ventilador moviéndonos de un lado al otro, del trabajo a la casa y de la casa al trabajo, convirtiéndose nuestra vidas en una rutina. La idea no es abrumarte, pero debemos plantear siempre las situaciones para entenderlas y poderle buscar la solución más acorde con nuestro pensamiento y así satisfacer nuestro sueños y deseos en la construcción de ese camino al éxito conducente a la felicidad plena.

Seguidamente, permíteme presentarte una de las tesis filosóficas de mi existencia, yo siempre he creído: **"lo primero que uno debe hacer cuando se**

está enfermo, es aceptar que está enfermo", pues el aceptarlo, permite realizar la acción necesaria para curarte, es decir: tomar medicamentos o visitar a un médico; porque de lo contrario nunca buscarás resolver la situación, aunque tus familiares, esposa o amigos lo vean así, si tú no tomas la conciencia sobre el problema, nunca podrás resolverlo. Para ilustrarte esta situación, analiza la respuesta de un fumador cuando le preguntas: ¿Por qué no dejas de fumar, que te hace daño? Generalmente te responderá: si estoy consciente de ello, pero aunque así sea lo disfruto, o te dicen: total de algo hay que morirse en esta vida, o también establecen al decidir hacerlo lo dejan, pero por ahora no se lo han planteado, presentándose un conjunto de justificaciones y escusas por cuanto no lo ve como un problema. Por todo esto, si tú dices sobre un tema cualquiera: **"no puedo hacerlo, estás en lo cierto, pero si sobre el mismo tema, dices que puedes hacerlo, también estás en lo cierto, lo importante no es lo que puedes o no hacer, lo importante es lo que crees sobre lo que puedes o**

no hacer", y eso se llama Fe... Dado todo este conjunto de situaciones uno literalmente es lo que piensa y come, por eso el fumador no entiende el hecho significativo que su adicción lo está consumiendo poco a poco, y por esta razón no la deja, aun cuando es consciente cuan nocivo es para la salud fumar cigarrillos, ¿Tremenda paradoja?

La felicidad nos cuesta tanto conseguirla, porque a veces pensamos sobre ella tal cual evento dado por sentado en nuestra vida, luego preferimos no hacer un inventario de cómo la hemos vivido, por el temor de encontrar un conjunto de situaciones poco agradables en ella, entonces actuamos parecido al avestruz, metiendo la cabeza en la tierra para creer con ello que esa situación no está pasando, o voltear a otro lado y pretender que lo ocurrido no es con nosotros.

En ese mismo orden de ideas, ¿Crees que debemos hablar más sobre el tema de la Felicidad?...,

¿Qué opinas?..., ¿Te gustaría hacerlo? No sé cual sea tu respuesta, pero si no estás satisfecho con tu vida hasta ahora, te sugiero comenzar por buscar las respuestas a las preguntas descritas antes, o por un análisis sobre tus sueños y metas a lograr en esta vida, y una buena propuesta sería cambiar las cosas desagradables o poco atractivas de ella, por algunas otras que te hagan sentir satisfecho y contento; y si me permites preguntarte: ¿Cuándo fue la última vez que disfrutaste de reír cómo lo hace un niño?..., ¿Desde cuándo no disfrutas un atardecer?..., ¿Hace cuánto no te detienes a observar las maravillas de la naturaleza a tú alrededor? Esas serían buenas acciones por dónde empezar a realizar cambios en tu vida, tal vez me dirás:

- Ya estoy muy viejo para cambiar, ya pasé de los cincuenta, y estoy en el atardecer de mi vida; y a lo mejor te diría:

- Tal vez tienes razón, ya estás muy viejo para cambiar, si pero cómo sabes: ¿Cuántos tiempo de vida te queda?... y ¿Cómo piensas vivir esos últimos momento de de tu vida?..., a lo mejor te quede solo unas horas, pero si te quedan 50 años más, ¿Cómo te gustaría vivirlos?..., ¿Cómo alguien que su tiempo se acabo?... o ¿con la alegría de disfrutar cada aliento por vivir?... No sé cual será tu respuesta, pero en el momento de estar escribiendo estas líneas a mis 49, quiero disfrutar cada instante con mucha alegría, paz, felicidad, amor, plata y estando seguro de la gran oportunidad dada por Dios para reinventarme cada día, y si un día me tropiezo, simplemente recojo los vidrios, me levanto y sigo disfrutando de las cosas buenas que cada instante Dios coloca en mi vida. No se tú, pero yo simplemente quiero disfrutar la vida hasta el último aliento que Dios me dé en esta experiencia humana, porque somos seres espirituales en una experiencia humana en la cual Diosito nos envió para cumplir un PROPÓSITO siendo felices llevándolo a cabo.

Desde luego, estás en tu razón de creer en lo que te estoy contando o no, recuerda, cada quien puede tener su propia opinión en cada tema, a lo mejor, prefieras seguir viviendo tu vida tal cual has hecho hasta ahora, ¡estás en todo tu derecho de hacerlo! Pero ¿qué pasa si estoy en lo cierto?..., y todavía te quedan treinta o cuarenta años de vida, permíteme hacerte una pregunta: ¿Cuántos años aspiras vivir?... ¿Te lo has preguntado?.., yo lo he hecho, y de acuerdo a esa expectativa, con mis 49 años en el momento de escribir estas líneas estoy seguro de no haber alcanzado ni siquiera un tercio de mi vida, ¿cómo puedo estar tan seguro?.., bueno sencillo, yo le he pedido a Dios llegar a vivir hasta cierta edad, eso sí disfrutando la vida con mucha Salud, Amor, Felicidad, Paz y Bastante Dinero, porque esas son las cosas necesarias para disfrutar esta experiencia de vida humana, y absolutamente todo lo pedido a Dios con Fe el nos lo regala, porque es el Padre más amoroso del Universo y EL hizo todas las maravillas de este mundo para el disfrute de todos sus hijos, es decir, todos nosotros.

Bueno, no pretendo pasar por un gran Teólogo, pero ciertamente en la medida cuando he permitido que sea la mano de Dios quien guie mi vida, siempre he obtenido los mejores resultados en ella, logrando apreciar cómo el PROPÓSITO que debo cumplir en esta experiencia humana me permite disfrutar más el viaje, eliminando la ansiedad y el estrés, luego logro ser más feliz; por ejemplo: en este instante mientras estoy escribiendo estas líneas siento un gozo en mi corazón, por estar convencido que hacerlo forma parte de ese gran propósito enviado a cumplir por Dios durante esta experiencia humana; no se cómo pueda ayudarte, pero si estás leyendo estas líneas, convencido estoy de la CAUSALIDAD de ello, pues estamos concatenados por la divina providencia para la ocurrencia de ello en este instante; te has puesto a pensar sobre una posibilidad diferente para ello, entonces, podrías preguntarte: ¿Por qué yo estaría en este momento escribiendo estas líneas?... ó ¿Por qué estarías tu leyendo esto?..., ¡créelo! Nada ocurre en este Universo, si no es por la voluntad de Dios.

Ahora bien, te podrías hacer algunas preguntas más, pero sólo te sugiero las hagas cuando estés preparado para encontrar sus posibles respuestas. En mi caso particular, antes pensaba, por ser un gran profesional (EGOS), con mi cartón de Ingeniero, el de magister, además del privilegio de ser un profesor universitario, y si lo evalúas en detenimiento, podría afirmar que tengo los méritos para ello; pero todo eso es efímero, cuando aprendemos a lucir el título más importante obtenido, es decir, el de Gente. Ojo, no pienso dejar de firmar cómo el Ing. Oroncio Chacón cuando deba hacerlo, porque todos somos iguales ante Dios, somos sus hijos y EL nos acepta tal cual somos, con todas nuestra virtudes y defectos o elementos menos agradables, siendo tan grande su amor que envió a su único hijo encarnado en una mujer, la Virgen María, para redimir nuestros pecados, permitiéndonos enseñarnos a través de su hijo hecho hombre (JESUCRISTO) como lo más relevante de nuestra vida es cumplir un PRÓPOSITO, luego, su hijo hecho hombre, vino para convertirse en el Líder más grade de la humanidad, tanto fue el apego de Jesucristo a su propósito, que aun en el instante más difícil de su experiencia humana, es decir, ante la muerte, con todas la vejaciones, humillaciones y penurias, propinadas previamente por la raza humana, él pronunció estas palabras: **"Padre; perdónalos porque no saben los que hacen"**. En ese instante pudo haber dicho, "los espero en mi Reino Junto a mi Padre para Vengarme", pero no fue así, simplemente ante lo más difícil de la existencia humana, la muerte, no se quebró, manteniéndose fiel a su discurso: **"el amor como máxima ley y el perdón como herramienta para llegar a él"**, ante lo sublime de las circunstancias, no se quebró e imploro el perdón de quienes le hicieron las mayores vejaciones y

118

humillaciones ante su Padre, convirtiendo estos hechos en su consagración como el **"LÍDER MÁS GRANDE DE LA HUMANIDAD"**, siendo tan grande este evento en la historia, que logró dividirla en dos partes: **ANTES Y DESPUÉS DE CRISTO**.

No sé si este tema te guste tanto cómo a mí, pero un gran líder siempre debe mantener su discurso apegado a su actuación, y te preguntaras: ¿Qué tiene que ver esto con la Felicidad?..., bueno te puedo decir que mucho, pues si no mantienes un conjunto de principios y valores apegados a tu actuación, no lograrás ser una persona confiable con tus semejantes, y entonces cualquier logro será muy difícil, porque la gente te percibirá cual líder de papel, conviertiendo nuestra vida en un gran enredo, pues los egos presentes a consecuencia de creernos los mejores debido a la cantidad de títulos académicos obtenidos, donde queremos controlar y hacer todo a nuestra manera, sin permitirle a Dios sea quien guie nuestra vida y sin convertirnos en el vehículo a través del cual Él se exprese, con lo cual caemos en un conjunto de situaciones donde quedamos atrapados, en algunas eventualidades que te alejan de la felicidad.

Tal vez, te parezca estar equivocado, y a lo mejor así sea, pero y ¿si tengo la razón en estos planteamientos? Ciertamente estoy totalmente seguro de no ser una casualidad estar escribiendo estas líneas, y qué tu las estés leyendo, ¿Qué has pensado sobre lo que te he propuesto?... ¿Te has detenido a pensar cuanto tiempo de vida crees que te queda?..., y si crees estar en el ocaso de tu vida, ¿Lograstes cumplir el propósito de tu existencia de vida humana?..., no sé cual pueda ser tu expectativa en esta vida, esa respuesta te toca descubrirla a ti solo.

En este mismo orden de ideas, podemos aceptar el tema sobre la felicidad cómo uno de los que muchas veces preferimos no conversar, por temor a encontrar respuestas algo fuera de nuestro agrado, mayormente preferimos evitarlas y prevenir la dolorosa experiencia de enfrentar cambios, aun cuando, tal vez prometedores de un mejor futuro, nos hace avanzar por caminos desconocidos, y siendo así, nuestra experiencia humana nos genera miedo a lo desconocido, sin entender, la posibilidad de estar perdiendo la oportunidad de disfrutar una aventura tal vez muy gratificante. Pero al no estar preparados para afrontar esa situación, con la emoción empleada cuando éramos niños y queríamos tocar todo con nuestras manitas y descubrir ese mundo que comenzábamos a conocer. En esos instantes, nuestro impulso de descubrir era más fuerte que el miedo o el peligro inmerso en cada situación.

Por eso debemos recuperar ese espíritu aventurero del niño, que con valentía y emoción estaba siempre descubriendo un mundo en el cual estaba cumpliendo un PROPÓSITO, donde simplemente entendía la vida cómo una aventura, y la disfrutaba realizando juegos, porque en su pensamiento, todavía no se había formado el miedo y su mundo solo implicaba jugar y divertirse, entonces nosotros los adultos deberíamos aprender de los niños y entender la vida cual la gran aventura de descubrir tu PROPÓSITO durante esta experiencia humana, descubrirlo y ser feliz realizándolo, luego solo me gustaría decirte ¡regálate la felicidad de disfrutar esta aventura!

CAPÍTULO VII

¿QUÉ TE FALTA PARA ACTUAR?

El éxito es la habilidad de ir de fracaso a fracaso
sin perder el entusiasmo.
— Winston Churchill

Existe una expresión que me encanta, "**SER — HACER — TENER**"; ella coloca en primer término la definición de la visión, es decir cuáles son tus sueños y anhelos, por ser estos los motores impulsores de tus trabajos y logros; pero los sueños solos no funcionan, necesitas convertirlos en metas y con ellas establecer tu nivel de compromiso permitiéndote definir esa visión. Todo esto representa el conjunto de elementos presentes en el "**SER**", ahora debes comenzar por tomar la decisión de actuar, es decir, ponerte en marcha alineándote con esa visión del "ser" lo cual definimos cómo "**HACER**" y al desarrollar tus acciones eventualmente lograrás "**TENER**".

Desde luego, cuando tú conversas con las personas y les pregunta por ejemplo: ¿Te gustaría tener una mejor casa? Seguramente responderán con un gran "SI", y si les vuelves a preguntar, ¿Te gustaría tener un mejor carro?... A lo mejor obtienes la misma respuesta y realizando otra pregunta, tal vez cómo esta: ¿Qué estás dispuesto a hacer? A lo mejor las respuestas son variadas, a lo mejor encontraras algunas así: "**Estoy esperando que Diosito me regale el premio gordo de la lotería**" o "**bueno lo voy a lograr cuando el gobierno nos dé un aumento de sueldo**" y así la lista puede continuar indefinidamente. Ojo, sería muy irrespetuoso de mi parte definir esta actitud inadecuada, simplemente demuestra el poco nivel de esa persona para comprometerse y llevar las riendas de su vida, es decir, el compromiso de actuar con energía para luchar por esos deseos en su vida es tan pequeño que prefiere dejarlo en manos de terceros, para no cargar con la responsabilidad de hacerlo.

Al analizar estas conductas, muchas veces vemos el éxito logrado por los grandes atletas deportivos, por ejemplo: el grandes liga venezolano Miguel Cabrera, o el futbolista argentino Leonel Messi, y pare de contar; ciertamente cada uno de ellos tienen algo en común: grandes sueños, metas claras y definidas, además se comprometen para lograrlas, por lo cual **ACTÚAN TODOS LO DÍAS** con gran dedicación, entrenando, practicando y practicando para mejorar sus juegos y mantenerse en esos altos niveles de competición que les permita estar en la cima de sus disciplinas deportivas, siendo esa la clave de sus grandes éxitos. Están dispuestos a hacer lo que el común de la gente no hace, ¡ellos no son extraterrestres!..., son personas como tú o como yo, dispuestos a TRABAJAR DURO para conseguir sus sueños, están comprometidos en accionar para lograr esas metas propuestas y alcanzar la visión establecida en el yo quiero **SER**. En este momento recuerdo el cuento ese, no sé si lo conoces, el de la gallinita y el cochinito:

Estaban la gallinita y cochinito paseando juntos una mañana y deciden ir a desayunar, al entrar al primer restaurant, observan el menú que dice: "**Jamón, huevos, pan, Café y Jugo de Naranja**", a lo cual la gallinita le dice al cochinito:

- Vamos a otro restaurant, éste no me gusta, lo hacen; llegan al segundo restaurant, y consiguen el mismo menú, a lo cual la gallinita le replica al cochinito:

- Esto está fuerte ¿qué acaso tú eres más importante que yo?, y enojada le dice:

- Vayamos a otro restaurant, y la historia se vuelve a repetir, y al llegar al quinto restaurant y encontrar el mismo menú, la gallinita enfurecida le dice al cochinito:

- que broma voy a hablar con el gerente, acaso piensan que tú eres más importante que yo, esto es un abuso, y el cochinito le responde:

- Mi amiga, ocurre que tú sólo hiciste una pujadita para poner un huevito, en cambio yo di mi vida entera para convertirme en Jamón.

Ese cuento de la gallinita y el cochinito, nos permite ilustrar porque muchas personas no logran el éxito, cuando evaluamos la actitud de la gallinita, sólo observamos un pequeño esfuerzo en su acción, mientras el cochinito entrega su vida entera para convertirse en jamón, es decir debes estar dispuesto a pagar el precio para poder "**SER**", desde luego la mayoría de las personas quieren ser: famosas estrellas de cine y televisión, cantantes, deportistas, políticos, empresarios, profesionales importantes, pero solo muy pocos logran alcanzarlo por no comprometer su vida entera con esos sueños, no están dispuestos a correr esa milla extra, ese plus más, hecho por las personas exitosas, y esa es la diferencia entre lograr ó no, el éxito propuesto.

Ahora bien, ¿Cuál es la dificultad para actuar? La mayoría de personas que tienen una vida promedio, es porque les aterra salir de su zona de comodidad, cómo dice el Dr. Camilo Cruz, en su relato de la vaca: **"dan hasta gracias a Dios porque al menos tienen un vaca, sus vecinos son igual de pobres, pero no tienen una vaca, y el animal se convierte en la cadena que los tiene atados a una vida de miseria y conformidad"** y lamentablemente en eso se convierte la vida de muchas personas, porque de acuerdo a lo señalado, somos seres fabulosos creados por un Dios, padre de amor tan espectacular que hizo un mundo de maravillas hermosísimas para el disfrute de todos sus hijos, es decir, para nosotros. El problema ocurre porque la mayoría de las veces no lo creemos cierto, o pensamos no ser merecedores de esas bendiciones, por muchas razones; quizá por haber nacido en hogares con grandes carencias económicas, entonces se nos trasmitió de una u otra forma el ser pobres y agradecidos de Dios era lo más importante y tal vez el dinero cómo algo malo, además los ricos son codiciosos, y todo un conjunto de creencias, que simplemente nos convirtieron en conformistas, y a lo mejor por eso se nos dificulta tanto creer que las maravillas de este mundo también son para nosotros.

A lo mejor creerás que se trata de puras tonterías, y probablemente tengas razón, pero te voy a contar una anécdota de mi vida:

Hace más de 6 años se nos presenta una eventualidad con nuestra única hija quien para ese entonces estudiaba sexto grado de primaria. De repente sin motivo aparente, comenzó a padecer de problemas respiratorios tal cual una asmática, enfermando y por tal motivo, mi esposa y yo pensamos, que lo más probable de las crisis podría ser consecuencia de los gases expulsados por la refinería petrolera de Puerto la Cruz, porque nosotros vivimos en un edifico en las proximerías de dicha refinería. Decidimos mudarnos para resolver el asunto, luego comenzamos a buscar otro apartamento y conseguimos uno, colocamos el nuestro en venta y damos el enganche para comprarlo, porque al estar en una zona fuera de la influencia de la refinería podría ayudar a la salud de nuestra hija. A todas estas eso días fueron muy duros, pues mi esposa se había llevado a la niña a casa de mis suegros y esto le estaba prestando, desde luego visitamos muchísimos doctores buscando la cura de mi hija, lo cierto y relevante de esta historia fue que el tiempo pasaba y no podíamos vender el apartamento, se agota el tiempo reglamentario del enganche y por no haberlo vendido no teníamos la plata para comprar el nuevo apartamento, por lo tanto también perdimos el dinero del enganche. Esta experiencia me hizo salir de mi zona de comodidad, pues tal cual te he contado, yo soy profesor universitario, y además también me quedaba el tiempo para dedicarme a otra de las pasiones de mi vida como es la política, pero este evento me hizo comprender lo poquito que significaba mi ingreso, pues de haber tenido el suficiente, podría haber comprado el nuevo apartamento sin tener la necesidad de vender donde vivimos.

En resumidas cuentas, con este relato, sólo quiero expresarte que muchas veces, sin darnos cuenta, caemos en la rutina y la falsa seguridad de vivir con "**cierta comodidad**", aunque no tenía un gran ingreso en ese momento, gozaba del prestigio y la tranquilidad de vivir con un nivel aceptable, una vida promedio. Y puedo afirmar que esa situación se puede volver tu mayor peligro, cuando en tu vida desarrollas un conjunto de actividades que no te dan la calidad de vida deseada, pero te satisface un poquito, y te mantienes en una falsa zona de comodidad paralizándote de actuar, entonces Dios interviene con el propósito de hacernos comprender la importancia de comenzar a actuar para conseguir nuestros sueños, como fue en mi caso, pues esa situación descrita con mi hija, me hizo salir de mi zona cómoda y comprender que si quería tener un mejor estilo de vida para mi familia, debía ocuparme en comenzar a actuar y buscar remediar esa situación.

Luego, debido a ese incidente, me dije, bueno yo soy ingeniero y muy brillante, con mi conjunto de conocimientos (por algo soy profesor universitario), y el apoyo de algunos amigos, pues gracias a las actividades políticas desempeñadas, conocía a muchos profesionales y personas de diferentes extractos sociales, permitiéndome comenzar a realizar algunos proyectos interesantes, durante dos años realizamos más de once, sin lograr materializar uno que nos permitirá obtener el dinero y mejorar nuestro estilo de vida. Entonces de tanto buscar opciones (Dios siempre nos da las cosas que pedimos), hace ya más de cuatro años ingreso a desarrollar un negocio en la Industria de los NETWORKER, aunque me habían invitado en algunas oportunidades anteriores, no me había interesado formar parte de ellas (estaba en mi zona de falsa comodidad). Siendo con esta última donde conseguí una empresa con un excelente Sistema Educativo en la cual me he formado en áreas cómo: las relaciones interpersonales, el crecimiento personal, la motivación, el liderazgo, las finanzas y los negocios, aún con todos mis grados académicos, estos temas eran totalmente desconocidos para mi, inclusive, con las experiencias de liderazgo desarrolladas alrededor de los últimos veinticinco años invertidos de mi vida en la política, tenía muchas carencias sobre ello y las relaciones interpersonales, ¿Qué tal?... Claro está los egos, siempre nos dan un trastazo, pues mientras más formación universitaria y académica formal tenemos, con mayor frecuencia nos olvidamos de lo importante de lucir siempre el mejor y más grande de los títulos, el de: "gente, persona y sobre todo HIJOS DE DIOS".

Desde luego, mi idea no es abrumarte contándote las anécdotas de mi vida, solamente quiero presentártelas, de ejemplo, a lo mejor tú has vivido situaciones similares, y tal cual a mis 44 años pude reinventarme, a una edad donde ya muchos consideran estar viviendo el ocaso de su vida, tú también puedes ¿y sabes por qué? Porque para Dios no importa la edad, si tú decides que necesitas y quieres darte la opción de un cambio para mejorar, ese padre maravilloso, el Dios magnifico de amor te da la oportunidad de hacerlo.

La mayoría de las veces, necesitamos enfrentar algunas situaciones, y así darnos cuenta de encontrarnos viviendo donde no somos plenamente felices, limitándonos de alcanzar y disfrutar todo ese mundo de bellezas y maravillas colocadas por Dios en él para el disfrute de todos nosotros, sus hijos.

Quizá compartas o no conmigo algunas de las ideas presentadas, pero piensa por un instante y hazte algunas preguntas: ¿Estás satisfecho con la vida que tienes?... ¿Quieres logar cosas diferentes a las que has alcanzado? Mi sugerencia si me lo permites, empieza por evaluar cómo es tu vida actual, porque si eres feliz y te sientes satisfecho con ella, entonces te felicito, sigue así, pero si disfrutas mucho tu trabajo tal cual lo hago yo, sabiendo que, no me permite disfrutar la alta calidad de vida que merezco, entonces al igual mio, deberías emprender la aventura de dar un viraje en tu vida y comenzar a actuar, aunque seguramente dirás: **"yo trabajo muy duro"**, y probablemente es verdad, pero comienza por establecer cuál es el destino de ese viaje llamado vida y disfruta la aventura de tomar las riendas de tu destino; tal vez no te agrade en un principio lo que te he dicho, no te preocupes, a mí también me tomó algún tiempo aceptar la realidad de disfrutar mi trabajo aunque no me sentía feliz, pues el ingreso generado no me permite tener la calidad de vida que siempre he soñado para mi familia y para mí, luego lo verdaderamente importante lo establece el hecho de si queremos y estas dispuesto a realizar esa aventura, Dios siempre nos da la oportunidad de hacerlo, sea cual sea nuestra edad para intentarlo.

Valga la oportunidad de recordar una conversación sostenida con un amigo, a quien aprecio significativamente, mi amigo que ya cruzo la década de los sesenta, me decía:

- Ya no tengo ganas de emprender ningún nuevo proyecto, ya estoy viejo y tú sabes ya tengo sesenta y tantos… como quien dice ya no debería arrancar nada nuevo, al lo cual yo le respondo:

- Mi Hermanito, Tienes mucha razón, porque si hay algo bien seguro es el hecho que algún día nos vamos a morir (partiremos de esta experiencia de vida humana), si pero como sabes cuándo va a ocurrir, tal vez puede ser mañana, pasado mañana o si Diosito te tiene destinado a vivir: 5, 10, 20 o 40 años más, y la diferencia no radica en cuantos años más vivamos, sino en la calidad de vida a disfrutar durante ese tiempo que Dios nos tenga estipulado para esta experiencia de vida humana. Por eso mi hermano ciertamente algún día partiremos de esta vida, pero cómo no sabemos cuándo va a acontecer, lo mejor es disfrutar de cada instante con la intensidad, la emoción y la energía de emprender nuevos proyectos tal cual hacíamos a los veinte años, y mi amigo me contesto:

- Créeme, no había pensado en eso, y ahora analizando bien esta conversación me parece que tienes mucha razón, nunca había visto la vida bajo ese punto de vista, pues no se trata de lo vivido, sino de cuanto nos queda por vivir.

Somos seres espirituales en una experiencia de vida humana, enviados por Dios para cumplir un propósito, descubrirlo y ser felices realizándolo.   *Oroncio Chacón*

Por eventos así, te vuelvo a preguntar: ¿Qué te falta para actuar? No sé cuantas veces has emprendido algo y no has podido lograrlo, pero todas las personas de éxito lo han logrado porque nunca se han dejado vencer por las dificultades encontradas en el camino; por ejemplo ¿sabías cuantas veces fallo Tomas Alva Edison antes de mantener una bombilla eléctrica encendida?..., requirió de tres mil cuatro intentos fallidos antes de lograrlo… ¿Qué te parece?... y tú ¿Cuántas veces intentas lograr algo antes de renunciar a ello?..., plantéate una pregunta: ¿Cómo sería el mundo de hoy si Edison se hubiera dado por vencido a la cuarta o quinta vez?... ¿Qué opinas?... Normalmente abandonamos algo a la segunda o tercera vez de intentarlo, tal vez, porque desde la escuela se no ha inculcado lo terrible de equivocarnos, Edison cuando algo no le salía al estarlo intentando no lo veía cual fracaso, por el contrario su pensamiento positivo y su actitud ante la vida, él decía: "**solo he descubierto una nueva forma de no hacerlo, lo seguiré intentando hasta lograrlo**". Y esa es la gran

138

diferencia entre todos los grandes personajes con éxitos extraordinarios, simplemente han tenido sueños claros y definidos y se han dedicado a trabajar incansablemente para lograrlos, de ninguna manera permiten a los tropiezos convertirse en obstáculos, ni excusas para lograr esos sueños trazados cómo objetivos por conseguir, quizás esas son las cualidades que diferencia a todos esos grandes personajes de la historia y porque han marcado a la humanidad durante toda nuestra existencia, siempre han tenido el coraje para luchar por lo que han creído y eso se llama fe. Luego ella está representada a través de ese relato Bíblico que dice: **"si nuestra fe fuera del tamaño de un granito de mostaza podríamos mover montañas"**.

En mi opinión, y aquí voy a asumir toda la responsabilidad de lo que estoy afirmando, desde mi posición de docente universitario, el gran terror por equivocarnos inculcado desde la escuela ha sido contraproducente en la formación del ser humano, pues sometemos al niño desde las primeras etapas de su vida al constante estrés y horror de las equivocaciones, entonces logramos sembrar la semilla del miedo en el niño para realizar cualquier acción, por lo cual su instinto natural produce parálisis sobre la acción debido al sentimiento de culpabilidad incorporado por temor a ser castigado cuando se equivoca, siendo lamentable no entender la equivocación cómo parte natural del proceso de aprendizaje; por el contario, cómo puede ganar experiencia un ser humano en la ejecución de una tarea o actividad si no es con la continua y constante práctica de la misma.

En el mismo orden de ideas, por ejemplo: un bateador de Béisbol realiza muchas prácticas durante su carrera, hasta lograr convertirse en un Jonronero y es ese trabajo continuo, el productor de la gran diferencia entre los grandes jugadores respecto a los demás. De hecho los jugadores de Béisbol profesional con los mejores porcentaje de bateo (average) logran

PROMEDIOS alrededor de los 400 puntos, es decir, de cada 1000 veces parados en el home solo conectan 400 hit, como se puede observar, fallan más veces de las que batean, y son aplaudidos, ovacionados por ser grandes jugadores y ninguno llega a batea para 1000 es decir fallan más veces. Y la escuela lamentablemente se enfoca en castigarte por realizar una equivocación, es decir en la formación académica desde la infancia hasta la Universidad, se ocupa de inculcarte los errores como algo TERRIBLE, y las grandes estrellas de bateo en el béisbol fallan alrededor del 60% de la veces, ¿qué te parece?... por todo esto y asumiendo toda mi responsabilidad por ser parte del proceso de enseñanza formal, estoy convencido sobre la necesidad de: **"impulsar una reforma en la educación para revertir esa situación, garantizando que el aprendizaje este en concordancia con el proceso natural del ser humano, y eliminar ese terror al fracaso".**

Los grandes personajes de la historia, siempre han sido hombres y mujeres que aprendieron a no dejarse vencer por las dificultades, porque entendieron la equivocación cómo parte natural del proceso, luego, el logro se obtiene con la práctica, la dedicación, la disciplina, y la lucha continua sin tener miedo a las fracasos, porque son parte de ese proceso; una de las tesis filosóficas de mi existencia es: "**solo existe un único ser humano, que nunca se ha equivocado, y sin temor a pasar por embustero, puede decirlo, es AQUEL QUE NUNCA HA INTENTADO NADA**". Luego, con este precepto en mente, todos quienes alguna vez hemos intentado algo, nos hemos equivocado, lo más importante es aprender de cada desacierto, ganar la experiencia necesaria y volverlo a intentar una y otra, y otra vez, hasta lograr los objetivos planteados.

CAPÍTULO VIII

¡AUNQUE FRACASARAS! ¿SEGUIRÍAS DISFRUTANDO EL VIAJE?

Es duro fracasar, pero es todavía peor
no haber intentado nunca triunfar.
— **Theodore Roosevelt**

Algunas veces pensamos en tener éxito, y nos mueve la necesidad de lograrlo, y ¿qué ocurre cuando no lo hacemos? ¿Cómo te sientes si algo que intentas hacer no sale? Esas son interrogantes muchas veces evitadas, por temor a la respuesta que podemos conseguir, ahora bien analízalo con más detenimiento, cuando te propones desarrollar una nueva teoría, un nuevo prototipo, un nuevo modelo, o simplemente quieres hacer una receta de cocina nueva, y no logras reproducirla para hacer de tu comida una experiencia tan suculenta como es la del chef en la televisión, representa algunas situaciones donde el éxito se te puso esquivo, ¿Cómo te sentirías?...

Piensa e imagínate por un instante, siendo el bateador estrella de tu equipo de béisbol, y estas jugando el juego para decidir el campeonato, llegas al noveno episodio, está cerrado el encuentro como local, tu equipo tiene las bases llenas, están perdiendo por una carrera y van dos outs, tu cuenta esta en 3 bolas y 2 "strikes". El estadio es una locura, las personas en las tribunas claman por un home run, la adrenalina esta a millón, el pitcher lanza la bola y tu abanicas el

144

bate, produciendo el ultimo out del juego perdiendo con ello el campeonato… quizá, pensarás pobre bateador, no merece volver a jugar un partido más en su vida, y a lo mejor el bateador piensa en ese instante que se ha convertido en una total decepción, y si, estás en lo cierto, entonces, ¿Qué debe hacer el bateador?... Se retiraría del béisbol y no jugaría más nunca en su vida, o se levantaría, agarraría el bate y lo golpearía contra el suelo por haber fallado, tal vez lloraría un poco por no haberlo logrado, a lo mejor, lleno de rabia pudiera hacer cualquier cosa, pero estoy seguro por tratarse de un **jugador profesional**, esperaría la próxima temporada y volvería a salir al terreno de juego, probablemente no vuelva a tener otra oportunidad más para estar en un situación cómo la descrita anteriormente, en toda su vida, pero el ser un profesional lo califica con la preparación para afrontar la opción de ganar o perder en cualquier juego de béisbol y lo más importante es divertirse haciendo el mejor trabajo, porque podría volverse a ponchar en cualquier otro momento de su carrera, pero sabe cuánto significa disfrutar de hacer lo que tu amas.

Podrías creer esta historia o tal vez te parezca una dramática fábula, pero si le preguntas a cualquier jugador profesional te puede referir situaciones vividas, probablemente no tan parecidas, pero si con una gran carga de presión por lo esperado de la fanaticada en su desempeño, y analiza su respuesta. Ahora bien, estarás pensando, ¿cómo se relaciona la historia descrita con este capítulo?..., bueno de eso se trata este tema, de lograr entender que lo más importante es disfrutar la aventura de vivir tu vida plenamente y no de los tropiezos enfrentados durante el desarrollo de la misma, pues ellos representan una parte relevante en la receta del éxito.

Siguiendo con el ejemplo del béisbol, podemos observar como un equipo, una noche pierde un juego ante un rival, y a la siguiente salen a jugar ante el mismo rival como si nada, ¿Por qué? Simple, cada juego es historia pasada y no importa lo ocurrido en él, están bien claros sobre el presente representado por el juego de hoy y la única forma para lograr el éxito (ganar el juego) es concentrase en jugarlo y disfrutar haciendo, es decir, seguir disfrutando el viaje, lo más importante en la vida es ese viaje, con la adrenalina de salir a la cancha a dejar el corazón, con la pasión, las ganas, el coraje, la energía puestas en lograr tu objetivo, y si fracaso en el intento quien me quita la emoción, el deleite y la aventura de haberlo disfrutado. Esa es la actitud de cada jugador profesional en su despeño, ganar o perder un juego, esas cosas pueden ocurrir, pero la emoción y el haber disfrutado de haberlo hecho colocándole el corazón te mantiene con la energía y la motivación para ir nuevamente al estadio a enfrentar a tu rival, para seguir haciéndolo con la máxima pasión cómo si fuera el juego final del campeonato.

De eso se trata la vida, cuando entendemos que lo más importante es vivir ese presente (regalo de

Dios), porque es el ÚNICO tiempo para hacerlo, tomamos el control de ella. El pasado es una historia buena o mala, depende de tu visión, solo te sirve de experiencia, el futuro es un incierto que dependiendo cómo vivas el presente puede ser proyectado, entonces, no hay escapatoria el presente es el UNICO lugar donde podemos vivir la vida.

Permíteme regresar a la historia del jugador de béisbol, porque contrariamente a la actuación de los jugadores profesionales, las personas simplemente prefieren no volver a intentar algo cuando han tenido un fracaso el cual les ha significado algún dolor, por ejemplo: cuando alguien ha enfrentado una ruptura de una relación amorosa, tal vez un divorcio, generalmente asumen la posición de no querer volver a intentarlo, porque solo recordar el trauma y la afección sicológica afrontada en la relación anterior, prefiere negarse a la posibilidad de hacerlo por el MIEDO generado al volverlo a intentar. Quizá sea una manera de PROTECCIÓN para evitar el dolor ocasionado y no pasar por una situación igual, pero asumir esta posición te está quitando la alegría de disfrutar de un conjunto de situaciones que necesariamente no deben, ni tiene porque ser iguales a la anterior, sino por el contario pueden traer un conjunto de nuevas experiencias cargadas con un futuro pleno de satisfacciones; donde el negarse a realizarlas puede significar vivir con el temor de lo ocurrido en tu pasado sin disfrutar de las buenas cosas que Dios tiene reservados para cada uno de sus hijos, es decir, para nosotros.

Imagínate por un instante, que pasaría si el jugador descrito al principio, por MIEDO a fallar prefiere no volver a jugar más nunca en su vida un partido, ¿Qué opinas?..., ¿sería una actitud Profesional?...; seguramente, la próxima vez en el home, tendrá presente lo acontecido, pero al concentrarse y pensar como todo un PROFESIONAL, le permitirá superarlo, aunque puede volver a poncharse, lo entiende cómo una posibilidad del juego y simplemente sale a hacerlo, o dará por terminada su carrera como jugador profesional.

Así cómo el jugador de beisbol tiene que afrontar sus miedos y vencerlos, todos estamos obligados a enfrentarlos y hacerlo en nuestras vidas, porque Dios no colocó en ti la semilla del miedo, sino la SEMILLA DE LA GRANDEZA, y simplemente debemos disfrutar nuestro regalo de Dios (el presente) y aunque podemos estar asustados en un momento determinado por algo acontecido anteriormente, tenemos la obligación de actuar porque es esa la ÚNICA posibilidad para DISFRUTAR de vivir nuestra vida con intensidad y felicidad; recordemos siempre que: "*somos seres espirituales en una experiencia de vida humana, enviados por Dios para cumplir un Propósito, descubrirlo y ser felices realizándolo*" porque esa es la vida.

Desde luego podrías no estás de acuerdo, porque tu vida ha sido un constante sufrir, o has pasado por situaciones sumamente difíciles, o por haber enfrentado enfermedades muy duras o por muchas razones más, y si esa es tu opinión estás en lo cierto, porque cada quien tiene derecho a tener cualquier opinión en cualquier tema correspondiente, pues las mismas son producto de tus creencias y eso se llama FE, yo te podría decir cualquier cosa al respecto; pero Dios magníficamente nos dio cómo primer derecho el LIBRE ALBEDRIO. Y eso literalmente te vuelve dueño de todo lo que tú quieras y puedas hacer, pero también eres el responsable por todo lo sucedido con ello. Por eso somos dueños de nuestro propio destino, porque lo construimos diariamente con el conjunto de acciones llevadas a cabo y con aquellas dejadas de hacer por MIEDO.

Desde luego, piensa un instante sobre los logros realizados en tu vida, ¿Estás satisfecho?..., ¿Piensas qué pudiste hacerlo mejor? Tranquilo, no te sientas triste si necesitas cambiar algunas cosas de ella, para proyectar algo mejor para el futuro, pues Dios te da la oportunidad de reinventarte las veces necesarias, no importa la edad cumplida, solamente debes pedírselo y estar dispuesto a hacerlo, y Él te va dar el tiempo para logarlo, solo es cuestión de querer hacerlo.

Desde luego un aspecto que marca nuestra vida es la acción, cuando tu observas los grandes deportistas, y discúlpame por insistir con los beisbolistas, ellos lo logran porque tienen sueños grandes y porque no se detienen a hacer análisis de probabilidades, ni se detienen a evaluar los pro y los contra, ni le paran a los roba sueños, esos que te dicen: "**tú no puedes**", tampoco piensan tu eres el hijo de Antonio el Agricultor y Teodora la Costurera, ni tampoco se torturan diciendo "**no lo vas a lograr porque nacistes en el barrio pobre**", sino por el contrario comienzan a actuar, a luchar día a día, con disciplina, dedicación, esfuerzo, amor y ganas para lograr el éxito, lo hacen, eso sí porque se debe estar claro que el éxito ocurre con el tesón del TRABAJO CONTINUO, sin estar esperando la llegada de una hada madrina con su varita mágica, y en un abrir y cerrar de ojos, te convierta en un ser de éxito.

Un gran hombre de negocios exitoso, cómo lo es Donald Trump, dice: "**Hacer negocios es algo que me mantiene vivo, es cómo respirar, y es el motor que me impulsa a empezar cada nuevo proyecto**", y sobre todo sigue disfrutado ese viaje (vivir la emoción y aventura de ese nuevo proyecto), porque esa es la esencia de la vida, disfrutar lo qué uno hace. Cuando tú ves al común de la personas con vidas promedio, puedes observar a muchos de ellos encontrase insatisfechos con sus trabajos, con las vidas apenas soportables, quejándose de todo, teniendo la excusa de culpar por todo ello: al gobierno, al jefe, a la economía, a la familia, al divorcio de los padres, y pare de contar al conjunto de factores que ellos hacen responsables de sus vidas promedio; pero son incapaces de comprender que los únicos, y permite repetirlo, los ÚNICOS responsables de nuestras vidas somos nosotros mismos, el Dr. Camilo Cruz, lo describe muy bien a través de la fábula La Vaca, donde narra la historia de una familia que se mantenía atada a la falsa seguridad dada por ser dueños de una gran posesión, una Vaca flaca, permitiéndoles la sensación de no ser tan pobres cómo sus vecinos quienes no la tenían, aunque en realidad vivían sumergidos en la miseria total.

Quizás estarás diciendo, pero eso no es con migo, yo soy un exitoso Ingeniero, tengo una Maestría, profesor Universitario, adicionalmente cuento con un trabajo seguro y con beneficios, y en nueve años me voy a jubilar, y sí, todo eso está muy bien, además gracias a Dios lo tienes, entonces, cuando piensas en comprarte un nuevo carro, sacas cuentas y concluyes: "con mi actual sueldo no puedo pagar el giro", pues al vender el actual sólo me alcanzaría para la inicial, o si decides comprar un nuevo apartamento, en una urbanización elegante, y piensas: primero vendo donde vivo, busco opciones y te encuentras la amarga realidad que la venta apenas te alcanzaría para dar la inicial, entonces te das cuenta que el pago de los giros se consumiría casi la totalidad de tu ingreso, luego puedes comprender la necesidad de actuar para generar el dinero necesario que te permita adquirir todo lo deseado, cómo dice Robert Kiyosaki: "**me gusta hacer dinero, porque simplemente él me permite comprar más opciones en mi vida**".

Para finalizar quisiera dar gracias a Dios por todo lo maravillosa que ha sido mi vida pues EL me la ha permitido vivirla tal cual la he deseado, mi esposa siempre me ha dicho: "**esposito tu siempre has hecho todo cómo lo has querido**", y sí, ella tiene mucha razón, porque al haber compartido a mi lado los últimos veintiunos años de mi vida (19 casados y los restantes de novios) me conoce bastante. Cuando era estudiante de pregrado, yo quería ser Profesor Universitario, por tres razones: primero me encanta enseñar lo aprendido, es una de las pasiones de mi vida; segunda, toda mi vida he sido muy curioso, encantándome los artilugios mecánicos y cómo funcionan las cosas, desde niño fui muy inquieto por investigar y descubrir, y en nuestros países la mejor forma de hacerlo es dentro de las instituciones Universitarias, de hecho tengo en proceso la patente de una innovación desarrollada, y en tercer lugar el tiempo disponible donde trabajas de lunes a viernes. Tienes los fines de semana para dedicártelos para ti y tu familia, también tienes carnaval, semana santa, vacaciones de agosto y diciembre, es decir tu trabajas para vivir y no vives para trabajar. Teniendo esto para mí mucho valor, por cuanto me dio el privilegio de ver y disfrutar crecer a mi hija, logrando asistir a los actos realizados por ella en la escuela, y en la formación de un niño y adolecente, el saberse acompañada de sus padres en ese momento tan importante, le fortalece para afrontar las siguientes etapas de su vida.

Por todas esas cosas maravillosas logradas, debo agradecerle a Dios; pero ahora en estos momentos, he descubierto la necesidad de nuevos proyectos cómo dice Trump, o quiero comprar más opciones cómo dice Kiyosaki, entonces entiendo ser el arquitecto de mi propio destino cómo lo dice Camilo Cruz, pues soy el único responsable de todo lo acontecido en mi vida; luego, esta historia que te he contado, la cual agradezco tu molestia de leer, quizá sea de tu agrado o ¡tal vez no!..., pero otra de las grandes pasiones de mi vida ha sido poder servir y ayudar a la gente, será por eso que he dedicado alrededor de los últimos veinticinco años al activismo político, aunque en estos momentos tengo cerca de tres años sin estar involucrado directamente, no he dejado de involucrarme en forma pasiva, pues tengo una gran cantidad de amigos con los cuales siempre he compartido eso eventos, y estoy seguro qué, al igual cómo a través del activismo político he ayudado a muchas personas, espero con este libro poder ayudarte en eso que tu estas buscando, y si no te sirvió de ayuda, por lo menos espero haberte entretenido mientras lo leías.